Lotte Ingrisch

Die schöne Kunst des Sterbens

Lotte Ingrisch

Die schöne Kunst des Sterbens

oder
wie überlebe ich meinen Tod?

nymphenburger

Besuchen Sie uns im Internet unter:
www.nymphenburger-verlag.de

Gedruckt auf chlorfrei gebleichtem Papier

© 2008 nymphenburger in der
F. A. Herbig Verlagsbuchhandlung GmbH, München
Alle Rechte vorbehalten
Umschlaggestaltung: Wolfgang Heinzel,
unter Verwendung einer Illustration von Sylvia Wais
Herstellung und Satz: VerlagsService Dr. Helmut Neuberger
& Karl Schaumann GmbH, Heimstetten
Gesetzt aus der 11,75/16 Punkt Sabon
Druck und Binden: GGP Media GmbH, Pößneck
ISBN 978-3-485-01151-8

Gottfried von Einem

*in Erinnerung an ein Rindlberger
Kamingespräch über Alter und Tod*

dankbar und liebevoll zugeeignet

Ich danke auch zwei
österreichischen Ministerinnen a. D.:

Maria Rauch Kallat für die Einrichtung
einer Patientenverfügung

und Elisabeth Gehrer
für Aufklärung über
Sterben und Tod
im Schulunterricht

www.schule.at/Eduthek,
Kunst und Kultur/sterben-tod-jenseits

INHALT

INHALT

INHALT

INHALT

EINE DIES-JENSEITIGE BIOGRAFIE

Im Gegensatz zu allen anderen ist sie komplett. Gewöhnlich enden Biografien mit dem Tod, was ein Unfug ist. Keine Biografie endet mit dem Tod, das Leben wechselt nur seine Spur. Den Spurenwechsel zu verweigern, ergibt keinen Sinn. Man macht sich nur lächerlich.

Ich möchte Sie mit dem Spurenwechsel vertraut machen. Überraschen wird er sie dann immer noch, aber nicht mehr erschrecken. Methusalem ist das Pseudonym, hinter dem Sie sich selbst erkennen mögen oder auch nicht. Ein Model, das Ihnen die Haute Couture des Winters vorführt. Die Gala des Abends und wie man sie trägt. Jene typischen Situationen, in die Sie vor und nach dem Exitus geraten können. Kann ja sein, das Sterben wird eines Tages ganz abgeschafft. Bis dahin sollte man sich lieber informieren, was zuvor, dabei und danach passiert. Da es nicht annähernd so schlimm wie unsere Befürchtungen ist, kann man sich nach der Lektüre entspannt wieder dem Alltag widmen. Oder, wie ich es tue, weiter im gar nicht so Unerforschlichen forschen.

Wenn mein Model gerade nicht über den Laufsteg der Seiten stolpert, spreche ich direkt zu Ihnen. Nach bestem Wissen und Gewissen. Für den Fall, dass Sie mir trotzdem nicht glauben, hole ich ein paar andere und größere Geister in den Zeugenstand. Sind wir vor Gericht? Immer, das ganze Leben ist ein Prozess. Des Mordes angeklagt ist der Tod, und des Raubes das Alter, das uns Jugend, Schönheit und Gesundheit stiehlt. Das Schicksal aller geschlossenen Systeme ist Alter und Verfall.

Als offenes System würde uns das nicht passieren? Heureka! Wie wird man ein offenes System? Eine große Frage. Lassen Sie uns nach Antworten suchen. Vielleicht sollten wir dazu die Grenzen unserer Person anders ziehen. Oder vielleicht überhaupt nicht mehr. Sind offene Systeme unsterblich?

MANIFEST

Wir brauchen eine neue Ars moriendi, denn wir haben das Sterben verlernt. Wir kämpfen um unser Leben, weil wir glauben, dass wir nichts anderes haben. Wir klammern uns an den Leib, weil wir glauben, dass wir nichts anderes sind. Ein materialistischer Aberglaube, der jeden Staat in den Bankrott treiben wird. Lebenssucht, die wahrscheinlich teuerste aller Süchte, wird selten von denen bezahlt, die sie befriedigen.

Wir sagen irrtümlich *Ich* zu unserem Körper, der weiter nichts als Wasser und unreiner Kohlenstoff ist. Eine Varianz von Aminosäuren. Der Unterschied zwischen Sokrates und einem Frosch ist vernachlässigbar. Eine große, frei bewegliche Zellkolonie, die sich kaum von anderen Zellkolonien – ob Seetang, Stubenfliege oder Tannenbaum – unterscheidet. Sie trägt Hüte und Regenschirme, heiratet, vermehrt sich und stirbt. Aber das will sie nicht! Zellkolonien, soweit menschlich, wollen unter allen Umständen leben.

Da wir unsere biologische Existenz für die einzige halten, haben wir das Leben für heilig erklärt. Soweit es uns selbst betrifft, verteidigen wir es mit äußerster Grausamkeit. Anderen, die wir als Feinde oder Nahrung bezeichnen, versuchen wir es mit allen Mitteln zu rauben. Wir nehmen Materie auf, und wir scheiden Materie aus. Was soll daran heilig sein?

Staat und Gesellschaft fordern, dass wir unsere Triebe im Falle der Maßlosigkeit unterdrücken. Mörder und Notzüchter werden sogar empfindlich bestraft. Ein maßloser Lebenstrieb aber wird von Staat und Gesellschaft unterstützt, und der medizinische Fortschritt gestattet kaum mehr ein natürliches Ende. Das Resultat ist persönliches wie familiäres Elend und Menschen, die sich selbst überlebt haben, in Altersheimen, Spitälern und häuslicher Langzeitpflege.

Als der hippokratische Eid formuliert wurde, war die Medizin noch nicht in der Lage, die natürlichen Ablaufdaten zu missachten. Das Züchten lebender Leichen kann kaum ihre Aufgabe sein. Der hippokratische Eid entspricht nicht mehr den sittlichen Geboten und gehört endlich verändert. Nicht nur ein Recht auf Leben! Wir haben auch ein Recht auf den Tod. Jeder, dessen leibliche Existenz unzumutbar geworden ist, soll es für sich selbst einfordern dürfen. Künstlich konserviertes Leben verliert nicht nur physisch an Qualität. Auch die Psyche gerät in eine jämmerliche Verfassung, und wir kommen als Wrack in der nächsten Wirklichkeit an.

Die Alternative ist aufgeklärtes Sterben. Schmerzfrei, neugierig, mit einer kleinen Prise Galgenhumor – und glückliche Reise!

DIE ZEITHEXE

Eines Abends saß ich mit meinem Mann Gottfried von Einem am offenen Kamin. Wir schauten ins Feuer, tranken Wein und redeten über den Tod. »Ist das Alter«, fragte ich, »die Brücke, die zwei Wirklichkeiten – Leben und Tod – verbindet? Und irgendwann wird die Brücke morsch und stürzt ein.« – »Nein«, sagte er. »Alter ist *das Gehen über die Brücke*, und immer kommen wir an.«

Er ist angekommen. Ich gehe noch und würde viel lieber fliegen. Ein ruhiger Tod im eigenen Bett, und noch das Bouquet eines guten Weines am Gaumen, das Brennen irischen Whiskeys im Hals … Obwohl es wahrscheinlich der Sauerstoff in der Nase sein wird. Vor allem, wenn man den Notarzt ruft, was man ab einem gewissen Alter besser nicht tun sollte.

Der Gang über die Brücke ist kein Vergnügen, denn fortwährend verlieren wir Teile von uns selber dabei. Kraft und Beweglichkeit, Gesundheit, Gedächtnis und Lebenslust.

Wir werden immer fremder im eigenen Körper und immer fremder im eigenen Geist. Dass wir allmählich nur mehr Tote kennen, macht uns ziemlich einsam. In der Nacht können wir nicht schlafen, am Morgen wissen wir nicht, wozu wir überhaupt aufstehen, und hoffentlich kommen wir noch allein aus dem Bett?

Es ist die eigene, unwiderrufliche Auflösung, die uns mit Trauer und Entsetzen erfüllt. Erkennen wir uns selbst in dem lebenden Leichnam wieder, zu dem uns die Zeit macht? Nein und noch einmal nein, das tun wir nicht. Was ist nur mit uns geschehen? Einmal waren wir Kinder, einmal waren wir jung, einmal waren wir vielleicht sogar schön. Sind wir nicht dieselben geblieben? Wir fühlen uns noch immer wie damals. Wer also ist die hässliche Alte, der verwirrte Greis? Die Zeit ist eine Hexe. Sie hat uns verzaubert, und zuletzt frisst sie uns auf. Schlägt niemand die Hexe tot?

Nein, niemand. Sie ist die Herrscherin im Reich des Lebens, und alles Fleisch ist ihr untertan. Um ihrer Grausamkeit zu entrinnen, müssten wir auswandern, und das werden wir eines Tages auch tun. Oder eines Nachts. Überschreiten wir die Grenze ihres Reiches, hat sie keine Macht mehr über uns. Oder, wie der Physiker Hans Thirring (Vater) es formuliert: »Die Materie hat den Raum und die Zeit eingeschleppt.« Und unseren ganzen Jammer dazu. Ohne Materie gibt es weder Raum noch Zeit.

»*Raumzeit*«, nennt sie sein Freund Albert Einstein. »*Vierdimensionaler Raum*«, spinnt Stephen Hawking die Geschichte fort, »*dessen Punkte Ereignisse sind.*« Wir sind Punkte, wir sind Ereignisse, und die bestehen aus? Allmählich scheint es, dass sie aus gar nichts bestehen. Wie ein Detektiv den Verbrecher, hat der Kernphysiker Hans-Peter Dürr ein halbes Jahrhundert lang die Materie gejagt. Überall

Spuren, aber nirgends ein Täter! Seither spricht er nicht mehr von *Teilchen*, sondern *Passierchen*. Das gefiel dem theoretischen Physiker Walter Thirring (Sohn). »*In England nennt man es Event*«, erklärte er mir. Sind wir Ereignisse? »*Ich*«, sagt der Philosoph und Naturwissenschaftler Buckminster Fuller, »*scheint ein Verbum zu sein.*«

Die Geschichte von Raum und Zeit, in der wir so wunderbare und so klägliche Rollen spielen, ist damit nicht zu Ende. Viele Geschichtenerzähler werden noch kommen und ihr neue, überraschende Wendungen geben. Ob sie zuletzt, wie die anderen Märchen, gut ausgeht? »Und wenn wir nicht gestorben sind, so leben wir noch heute.«

Aber wir sind gestorben – oder nicht? Substantiva sind vielleicht sterblich. Aber wir sind Verben, Ereignisse, Events! Wir passieren dem Kosmos, und der Kosmos passiert uns. Wir können Leben, Sterben und uns selbst auch anders sehen. Aus der Vogelperspektive statt aus der eines Kriechtiers.

Von Natur aus sind wir offene Systeme, die sich künstlich geschlossen haben. Als geschlossene Systeme bleiben wir Gefangene der Zeit, des Raums, der Materie. Gefangene einer unwiderruflich einzigen Welt. Einer unserer Gefängniswärter heißt übrigens Auguste Comte.

Hans-Peter Dürr, Kernphysiker, Träger des Alternativen Nobelpreises: »Das ist doch die allerprimitivste Ideologie, wenn ihr glaubt, dass die Welt so ist, wie ihr sie seht!« (*Interview Vogue 2007*)

DER DUMME AUGUST

Es begann damit, dass Kopernikus die Erde aus der Himmelsmitte vertrieb. Dann nahm die Aufklärung uns alle schönen und bösen Geheimnisse weg. Dafür glaubten wir nun an die Vernunft und den Fortschritt. Zuletzt kam Auguste Comte, ein ungeheilt aus der Psychiatrie Entlassener, und verkündete, dass es keinen Gott gibt, keinen Geist und keine Geister. Nur die Materie, nur harte Tatsachen und sonst nichts. Er nannte seine Philosophie *männliche positive Wissenschaft*, und sein trostloser Positivismus ist gewissermaßen bis zum heutigen Tag Staatsreligion.

Hielten wir früher die Leiden des Alters für gottgefällig und starben zwischen Himmelshoffnung und Höllenangst, hat jegliches Leiden nun seinen Sinn eingebüßt. Weder Engel noch Teufel kämpfen um unsere Seele, da wir gar keine haben, und der Tod führt uns nirgendwohin, weil es uns dann nicht mehr gibt. Der Himmel dreht sich nicht länger um die Erde, und um uns selbst dreht sich auch niemand. Wen wundert es, dass wir jetzt weder alt werden noch sterben wollen? Ohne dass Gott uns dabei zuschaut, ist es nur bitter, ekelhaft und beschämend. Also versuchen wir, uns künstlich jung zu erhalten, und verweigern den natürlichen

Tod. Als lebende Leichen lassen wir uns so lange pflegen, bis die Familie, der Staat oder alle beide bankrott sind. Leider gibt es den dummen August nicht nur im Zirkus. Auch auf der Welt treibt er seine Tölpeleien. Zwar widerrief Comte, bevor er 1857 in Paris verstarb, seine Lehre und bekannte sich sogar zu den Geistern. Aber das haben seine Schüler verschwiegen. Zu viele wissenschaftliche Karrieren wären sonst in Gefahr geraten, und so sind die meisten Universitäten noch immer positivistisch verseucht. »Herr Professor«, sagte ich unlängst zu einem berühmten Physiker, »Sie haben früher so tollkühne Bücher geschrieben.« – »Aber die Kollegen«, seufzte er, »haben nicht mehr mit mir geredet.«

Eine neue Ars Moriendi wird nur möglich sein, wenn wir Alter und Tod einen neuen Sinn geben. Ihren alten haben sie in unserer Konzern- und Konsumgesellschaft verloren. Die Welt wurde zum Warenhaus, die Diktatur der Wirtschaft löste den Primat des Geistes ab. Wir haben mit der Verwüstung der Erde begonnen, und mit der Verwüstung unserer Seele. Mit einer verwüsteten Seele zu sterben, ist kein Vergnügen.

DIE STYX HAT ZWEI UFER

Ich bin 77 Jahre alt. Das bedeutet, ich kann über das eine oder andere, vielleicht sogar über beide – das Alter und den Tod – etwas erzählen. Denn ich bin eine jenseitige Spaziergängerin und treibe mich in Gegenden herum, die normale Leute für anrüchig halten. Zu Unrecht, die Gegenden sind reizvoll und abwechslungsreich. Auch sind Tote keine schlechtere Gesellschaft als Lebende. Überhaupt ist der Unterschied zwischen beiden geringer, als Sie erwarten. Warum sind wir Geistern gegenüber so intolerant? Und warum halten wir Leute, die Geister sehen, für verrückt?

Verrückt ist, wer keine sieht. Geister sind nicht erstaunlicher als, zum Beispiel, Giraffen. Die laufen auch nicht in Lappland herum, trotzdem gibt es sie. Aber mit einem Maulwurf soll man nicht über die Milchstraße reden, der Ärmste. Er kann sie nicht sehen. In seiner Blindheit rottete der dem Aberglauben an die Materie verfallene Positivismus die Geister in unserem Bewusstsein aus, wie die Römer die Kelten ausgerottet haben. Aber diesmal gewinnen wir den Gallischen Krieg! Denn seit Einstein und Planck wissen wir, dass es gar keine Materie gibt, sie ist selbst eine Geistererscheinung.

Es gehört zu unserem biologischen Potential, das Unsichtbare zu sehen, das Unhörbare zu hören, das Undenkbare zu wissen. Wir verleugnen es und halten den Schleier, der sie verbirgt, für die Welt selbst. Es ist die Angst vor dem Unbekannten, die uns zu Gefangenen der alltäglichen fünf Sinne macht, obwohl wir doch sechs haben, sieben und wer weiß, wie viel geheime noch. Sie haben sich nur geschlossen wie Blüten im Frost und werden sich wieder öffnen, sobald unser Winter des Geistes vergeht.

Menschen aller Zeiten und Kulturen hat sich der Schleier geöffnet. Sensitive schauten und schauen durch die Wirklichkeit wie durch trübes Glas. Wie durch Nebel, der plötzlich zerreißt und den Blick auf andere Welten freigibt, in denen der Tod nicht so ist, wie wir ihn kennen, sondern etwas ganz anderes. Wir haben diese Gabe nicht verloren. Ich besitze sie immer noch, aber sie muss uns allen wieder gehören. Erinnern wir uns – wir leben an beiden Ufern der Styx!

Lisa Randall (Princeton, Harvard): »Die beobachtbare Welt ist nur eine von vielen Inseln inmitten eines höherdimensionalen Raums. Nur ein paar Zentimeter weiter könnte es ein anderes Universum geben … eine unendliche unsichtbare Dimension …« (*Verborgene Universen*, Frankfurt am Main 2006)

IST DAS ALTER EINE KRANKHEIT?

Ja, aber nicht unheilbar. Gegen das Alter ist die beste Medizin der Tod. Sehr wirksam, wenn auch nicht ganz so radikal, wäre ein gesunder Humor. Alt werden ist tragisch und komisch zugleich. Wollen Sie lieber lachen oder weinen? Entscheiden Sie sich für das Lachen, und Sie haben mit Ihrem Alter auch sich selbst transzendiert. Das ist unsere Lebensaufgabe, und das ist unsere Sterbeaufgabe. Über die Grenzen des *Ich* zu gehen. Vielleicht auch zu tanzen.

Im Allgemeinen halten wir Krankheit für eine Prüfung, die Gott uns auferlegt. Wir müssen sie in Demut bestehen. Gott liebt die Leidenden. Dass wir zum Doktor gehen, widerspricht eigentlich schon der Fügung in den göttlichen Willen. Da könnten wir uns ja gleich umbringen, aber nein, das dürfen wir nicht, es ist eine Sünde. Wieso eigentlich? Fremdes Eigentum. Wir haben nämlich einen Körper, der uns nicht gehört. Aber zurückgeben dürfen wir ihn auch nicht, sonst werden wir ganz fürchterlich bestraft. Es ist unsere Pflicht, gottgewollt zu leiden, bis wir hundert sind und jeder Staat an unserer Pflege in Konkurs geht. Macht nichts, Leiden läutern. Läutern Leiden? Krankenhäuser und besonders Altersheime lassen uns das Gegenteil vermuten. Die Insassen, weil sie leiden, quälen dort einander und das Personal.

Gleich tritt mein Model Methusalem die bittere Reise durch das Wunderland an. Weder er wird Ihnen fremd sein, noch seine Geschichte. In Variationen sind wir irgendwann selbst Methusalem auf der Reise. Möge sie nicht zu lang sein, das wünsche ich Ihnen und mir. Wir werden Vampiren und Vandalen begegnen, vielleicht auch einem Engel. Der Weg ist *nicht* das Ziel, und der Abschied kein Grund zur Traurigkeit. Wir reisen nur ab, um anzukommen. Wo das sein wird, wissen wir nicht so genau. Aber macht nicht gerade das die Reise so spannend?

Herbert Pietschmann: »Die Aufhebung des Widerspruches von Jugend und Alter aber ist Humor!« (*Die Welt, die wir uns schaffen*, Wien/Hamburg 1984)

WARUM TRÄGST DU PANTOFFELN?

Fragt Lusine vorwurfsvoll ihren Mann. Methusalem blickt erstaunt von seiner Zeitung auf. »Weil sie bequem sind«, sagt er. Darauf sie, giftig: »Es ist drei Uhr Nachmittag. *Ich* trage Schuhe.« Methusalem versteht nicht, was sie meint. »Warum machst du es dir nicht gemütlich?« – »Und wenn jemand kommt?« – »Wer soll schon kommen?« Jetzt fängt sie ohne Grund zu weinen an. Frauen! Sie waren ihm zeitlebens ein Rätsel, dessen Lösung ihn mit den Jahren immer weniger interessierte.

Ein Jahr später. »Dieser Schlafrock, ich kann ihn nicht mehr sehen.« – »Den hast du mir selber geschenkt.« – »Aber nicht, damit du ihn den ganzen Tag trägst.« – »Warum soll ich ihn nicht tragen?« Seit er in Pension ist, sind ihre Nerven ständig gereizt. »Dass ich einmal zu dir aufgeschaut hab ... !« Ist ihm nicht aufgefallen, was sollte auch an einem Lateinprofessor Besonderes sein? »Wozu hole ich täglich die Zeitung? Wenn du sie nicht liest.« Ergeben nimmt er sie vom Tisch und schläft mitten im Leitartikel ein.

Zwei Jahre später. Sie hat sich im Ausverkauf eine rote Bluse gekauft. Blau wäre vielleicht passender gewesen, doch gab es diese Farbe nicht mehr. Sie sitzen wie gewöhnlich im Wohnzimmer und schweigen. Die Zeit vergeht langsam. »Meine Liebe«, sagt Methusalem plötzlich. »Du musst jetzt gehen, meine Frau kommt bald zurück. Sie ist sehr eifersüchtig.« Scherzt er? Das wäre neu. Kopfschüttelnd steht sie auf und geht in die Küche. Als sie mit dem Pfefferminztee zurückkommt, lächelt Methusalem listig. »Hattest du einen schönen Nachmittag?« – »Idiot«, sagt sie und passt auf, dass er seine Tabletten für den Blutdruck nimmt.

Drei Jahre später. Methusalem ist es leid, den ganzen Tag neben seiner Frau zu sitzen. Allerdings weiß er nicht, was er sonst tun sollte. Ein paar Mal hat er in das Buch geschaut, das sie liest. Aber da sind keine Bilder drin, und was für einen Zweck hat ein Buch ohne Bilder? Er und die Buchstaben sind einander fremd geworden. Konnte er sie wirklich einmal lesen, sogar schreiben? Leise, um Lusine nicht zu stören, steht er auf.

Lewis Thomas: »Aus uns werden zu verschiedenen Zeiten verschiedene Menschen.« (*Die Meduse und die Schnecke*, Köln 1981)

VERSCHIEDENE MENSCHEN

Als es Zeit zum Abendessen wird, merkt Lusine, dass Methusalem fehlt. Beunruhigt ruft sie ihren Sohn, den Steuerberater, im oberen Stockwerk an. Dort ist er auch nicht. Aber wo sonst? Sie kann sich kaum erinnern, wann er das letzte Mal ausging. Sohn, Schwiegertochter und Enkel kommen. Sie waren schon lange nicht mehr da. Zuerst suchen sie jeden Fleck des Hauses nach ihm ab, und dann den halben Bezirk. Als sie ihn Stunden später auf dem Polizeikommissariat finden, bricht Lusine in Tränen aus. Die Männer, Sohn und Enkel, bleiben betreten und steif. Die Schwiegertochter weint weder, noch ist sie betreten.

Methusalem wurde aufgegriffen, als er weder wusste, wohin er gehörte, noch wer er war. Jetzt ist er sichtlich froh, dass man ihn holt, und geht gehorsam mit der Familie nach Hause. Im ehelichen Schlafzimmer allerdings kommt es zum Eklat. Denn als die Tränen der Gattin versiegen, steigt ein verständlicher Groll in ihr auf. »Du Trottel«, sagt sie, »wie konntest du mir, deiner Frau, so etwas antun?«

»Meiner Frau?« Methusalem scheint verwirrt zu sein. »Wer ist meine Frau?« – »Ich«, sagt diejenige, die es ist, hasserfüllt. »Das glaube ich nicht.« Methusalem wird sehr nachdenklich. »Kannst du es beweisen?« O ja, das kann sie, und sie kann es nicht. »Mir kommst du fremd vor«, sagt Methusalem.

Als er endlich schläft, versammelt die Familie sich um den Wohnzimmertisch. »Was tun wir jetzt?,« fragt Lusine. »Ich allein schaffe es jedenfalls nicht.« – »Also zu uns kann er nicht kommen«, wehrt die Schwiegertochter jedes mögliche Ansinnen ab. »Ich arbeite den ganzen Tag, und der Bub studiert.« – »Er braucht ärztliche Hilfe«, pflichtet der steuerberatende Sohn bei. »Betreuung.« – »Ist er versichert?« fragt die Schwiegertochter. Ihre Stimme ist schrill. »Ich könnte ihn«, schlägt der Enkel vor, »manchmal besuchen?«

Laotse: »Andere sind klar, doch ich allein bin verschwommen.« (*Tao te King*)

EIN RATLOSER FAMILIENRAT

Am nächsten Tag kommt der Doktor, und die Familie versammelt sich noch einmal. Hausärzte sind eine seltene, von Spezialisten bedrohte und leider aussterbende Rasse. Dieser hat sie alle schon seit Jahrzehnten behandelt. »Wo«, fragt er, »fehlt es denn diesmal?«

Methusalem will mitkommen, als man im Wohnzimmer Platz nimmt, der Doktor ist fast ein Freund. Doch wird er von der restlichen Familie resolut ins Bett gescheucht. Warum eigentlich, er ist doch nicht krank?

»Verkalkung«, sagt der Hausarzt, als die Familie mit dem Erzählen fertig ist. »Das ist eine ganz normale Verkalkung. Davon bleibt im Alter kaum einer verschont.« Er zückt seinen Block und schreibt ein Rezept aus. »Das wird ihm nicht schaden, davon geben Sie ihm täglich eine Tablette«, sagt er zu Methusalems Frau. »Oder vielleicht ist es besser, falls Sie es nämlich vergessen ...« Und er reicht das Rezept nicht ihr, sondern der Schwiegertochter. »Wieso?«, sagt Methusalems Frau pikiert. »Schließlich bin *ich* nicht verkalkt!« und sie reißt ihrer Schwiegertochter das Rezept aus der Hand.

»Aber bitte«, sagt die Schwiegertochter, »als ob ich mich darum reiß! Ich hab den Beruf, den Haushalt und dann

noch *Euch*.« – »Es ist *unser* Haus«, sagt die Schwieger-
mutter eisig, »und wir sind noch nicht tot.«
Dann sagt eine Minute lang gar niemand was. Bis endlich
der Vater den Hausarzt halb verlegen und halb vorwurfsvoll anschaut. »Da sehen Sie selbst, wohin so was führt.
Der Großvater will bestimmt nicht, dass seinetwegen die
Familie zerfällt. Wollen Sie ihn nicht lieber in ein Spital
einweisen, und später dann …«
»Nein«, erklärt der Hausarzt. »Alter ist keine Krankheit.
Und wenn es eine ist, befällt sie uns alle. Wollen Sie, dass
Ihr Sohn Sie auch eines Tages … ?« Der Vater unterbricht
ihn mit rotem Kopf. »Also, wenn Sie meinen, die Tabletten
helfen?«

Marie Curie: »Nichts im Leben muss gefürchtet werden. Es
gilt nur, es zu verstehen.« (*Darwin in the Genome*, New
York 2002)

AUF EINEM BOOT

Methusalems Frau drei Tage später. »Er gefällt mir überhaupt nicht. Bildet sich ein, er fährt in einem Ruderboot.« Besorgt setzt der Doktor sich an das Bett seines alten Freundes. Methusalem ist sichtlich erfreut über Gesellschaft. »Ich heiße«, sagt er, der sein Lebtag auf Höflichkeit bedacht war ... Und dann fällt ihm, obwohl er seinen Namen direkt auf der Zunge hat, nicht ein, wie er heißt. »Möchten Sie sich nicht auch vorstellen?«, fragt er, um Zeit zu gewinnen. »Gerade in einem Ruderboot ist es sehr wichtig, auf Formen zu achten.« – »Ich bin«, sagt der Besucher, »Ihr praktischer Arzt.«

Methusalem denkt darüber nach. »Schade, dass Sie nur praktischer Arzt sind. Einen unpraktischen Arzt würde ich von Zeit zu Zeit gern konsultieren.« – »Ich kann«, lächelt der Doktor, »auch sehr unpraktisch sein.« – »Willkommen an Bord! Ob meine Katze Sabinettchen mich vermissen wird?« – »Zweifellos. Obwohl, wenn ich nicht irre, sie vor dreißig Jahren starb.« – »Neunundzwanzig«, korrigiert Methusalem. »Hoffentlich vergisst Lusine nicht, ihr Milch zu geben und ein wenig Leber.« – »Sie sind verheiratet?« – »Das war eine dumme Frage«, sagt Methusalem traurig. »Erinnern Sie sich nicht? Sie haben sie erst zu Ostern von ihrem Furunkel geheilt.«

»Richtig!«, bestätigt der Doktor und öffnet seine Tasche. »Ich werde wirklich vergesslich. Hab ich Sie auch behandelt?« – »Seit einem Vierteljahrhundert«, strahlt Methusalem. »Jetzt fällt es mir wieder ein. Was für ein Zufall, Sie auf einem Fluss zu treffen!« – »So einen Zufall muss man ausnützen«, erklärt der Doktor. »Ich werde Ihnen, während Sie rudern, den Blutdruck und noch einiges andere messen.« – »Gut«, sagt Methusalem. »Dann wird die Bootsfahrt nicht langweilig sein.«

DAS ALTER – EINE REISE
IN EIGENTÜMLICHE LÄNDER

Sie hat auch Vorteile, zum Beispiel braucht man immer weniger Gepäck. Was habe ich früher an Büchern mit mir herumgeschleppt. Heute würde ein einziger Krimi genügen. Ich kann ihn immer wieder lesen, weil ich sofort vergesse, wer der Ermordete ist und wer der Mörder.

Doch werden fortwährend und eher nachteilig andere Menschen aus uns. Ein schleichender Prozess. So schleichend, dass wir ihn im Allgemeinen kaum wahrnehmen. Nur wenn wir einander lange nicht gesehen haben, fällt uns die Veränderung auf. Bei Kindern und Alten kann sie drastisch sein.

Wo ist Methusalem wirklich, im Ruderboot oder in seinem Bett? Es gibt eine kindliche Unschuld, und es gibt eine Unschuld des Alters. Beide sind einander ähnlich. Der strenge Zuchtmeister Verstand treibt ihnen die Fantasie noch nicht und nicht mehr mit der Rute aus, und so können sie nach Belieben die Welten wechseln. Kinder und Alte gehen auf Reisen ins *Wunderland* und *Hinter die Spiegel*, obwohl sie gleichzeitig zu Hause bleiben. Ich meine also, dass Methusalem sowohl im Ruderboot ist als auch in seinem Bett. Kinder und Alte können zur gleichen Zeit hier und dort sein. Es kommt sogar vor, dass sie dann nicht nur anderswo sind, sondern sogar *anderswer*.

Nicht jede Welt ist allen sichtbar, aber unwirklich ist sie darum nicht. Begleiten wir die Methusalems beider Geschlechter geduldig in ihre jeweiligen Welten, so fantastisch sie auch sein mögen. Glauben wir, was sie von ihnen berichten, und was von sich selbst. Sie würden sonst sehr einsam sein.

DAS ENTSETZEN FÄNGT
ZU SCHLEICHEN AN

Soweit«, sagt der Hausarzt und kommt aus dem Ruderboot wieder in den Kreis der Familie, »ist alles in Ordnung. Bis eben auf die natürlichen Altersprozesse.« – »Was
soll das heißen, natürlich?«, ereifert sich die Schwiegertochter. »Meine Tante ist nur ein Jahr jünger und kocht
noch für ihre Kinder.«
»Seit wann geht es schon so?«, fragt der Doktor. »Erst seit
gestern!«, lügt Lusine. »Sie müssen sich keine Vorwürfe
machen«, sagt er. »Viel hätte ich früher auch nicht tun
können. Und das Herz ist ja noch kräftig, der Blutdruck
geradezu jugendlich.« – »Weil ich ihm alle Medikamente,
die Sie verschreiben«, trumpft sie auf, »pünktlich gebe!« –
»Ja«, seufzt der Doktor.
Der Sohn meldet sich endlich und bekümmert zu Wort.
»Seit einem oder zwei Jahren. Wir dachten uns zuerst
nichts dabei. Es war sogar lustig.« – »Lustig?« – »Nun ja,
wenn er seine Brieftasche in den Kühlschrank legte und die
Suppe mit der Gabel aß.« – »Oder die Pfeife im offenen
Bösendorfer ausklopfte«, sagt Lusine erbittert, und dann
schluchzt sie.
Der Sohn erinnert sich an die garstige Szene, die sie damals
machte. »Natürlich hatte er auch Schwierigkeiten mit Na-

men«, sagt er und schaut geflissentlich an seiner Mutter vorbei. »Aber die hab sogar ich.« Dies wäre, würde der Doktor gleich sagen, etwas ganz anderes. Doch der Doktor sagt nichts.

Seltsame Vorstellung, denkt der Enkel, dass Großvater auch einmal jung war. Irgendwie schrecklich. Zuviel Kunstdünger vergiftet die Erde und zuviel Blei die Luft. Ist es möglich, dass Zeit, zu viel Zeit, die Menschen vergiftet? Wie Methusalem jetzt.

Lieber Gott, denkt er, obwohl er nicht an ihn glaubt: Lass es nicht möglich sein! Es ist nur eine Krankheit, eine seltene Krankheit. »Alzheimer?«, fragt er laut und schaut den Doktor hoffnungsvoll an. Der zuckt die Achseln. »Im Alter«, sagt er, »ist es egal, wie wir es nennen. Verkalkung, Alzheimer … Tatsache ist, dass er immer weniger in unserer und immer mehr in einer anderen Wirklichkeit lebt. In einer zunehmend anderen Wirklichkeit.«

Energisch putzt sich Lusine die Nase. »Was, Herr Doktor, sollen wir tun?« – »Nichts«, sagt der Arzt.

Lewis Thomas: »Eingreifen ist eine Methode, Schwierigkeiten zu erzeugen.« (*Die Meduse und die Schnecke*, Köln 1981)

DIE JAHRESZEITEN DES LEBENS

Während uns die Veränderungen der Kindheit erfreuen, verdrießen uns die Veränderungen des Alters. Wir empfinden sie als Jammer, als schreiende Ungerechtigkeit. Warum werden wir nicht schön wie ein alter Baum oder ein altes Haus? Sogar altes Mobiliar erzielt Höchstpreise als Antiquität. Wir erzielen keine Höchstpreise, im Gegenteil. Wir werden schäbig, wir werden räudig, wir werden mit der Zeit nicht mehr, sondern immer weniger wert.

Um der Inflation durch die Zeit zu entgehen, leugnen wir sie. Wir machen uns jünger. Das ist eine Art Mimikry. Um sich zu schützen, ahmen manche Tiere etwas, das sie nicht sind, täuschend nach. Alte Menschen ahmen die Jugend nach. Wer es nicht erträgt, alt zu werden, bleibt mit Hilfe medizinischer, pharmazeutischer und kosmetischer Tricks jung.

Bleibt er jung? Natürlich nicht. Aber vielleicht merkt dann niemand, wie alt man schon ist? Nein, funktioniert auch nicht. Nur vier Prozent unserer Kommunikation erfolgt über die Sprache, wir kommunizieren transverbal. Senden und empfangen fortwährend Signale. Tauschen Information, strahlen Botschaften aus. Kann der Leib eines alten

Menschen die Botschaft der Jugend ausstrahlen? Auch die
Psyche kann es nicht, und wenn sie noch so gern möchte.
Geraten in der Natur die Jahreszeiten durcheinander,
empfinden wir Unbehagen. Das gleiche Unbehagen erzeugt
ein die Jugend vortäuschender Mensch. Der falsche Frühling riecht nicht nach Blüten, sondern nach Angst. Der
falsche Frühling ist nicht schön, sondern traurig. Der
falsche Frühling ist ein nicht bewältigter Herbst.
Auch schwere Krankheit kann mitunter ein Vorschlag zur
Aufgabe des Lebens sein. Ein vernünftiger Vorschlag, den
wir uns selbst machen – und sofort mit großem Geschrei
ablehnen. Ein Heer von Ärzten unterstützt uns dabei. Gegen Alter und Krankheit zu kämpfen ist nicht tapfer, sondern töricht. Fürchterlich werden die Dinge erst, wenn wir
uns gegen sie wehren. Methusalem wehrt sich nicht, und er
hat einen gescheiten Doktor, der ihn über die Brücke
begleitet, statt ihn dort zu verhaften. Über die Brücke des
Alters muss man *gehen*! Wer auf der Brücke des Alters
stehen bleibt, wird zur Karikatur seiner selbst, und als Karikatur kommt er am anderen Ufer der Styx an.
Wir haben das Gehen über die Brücke verlernt und müssen
es wieder erlernen. Andere Zeiten, andere Kulturen haben
gewusst, dass unser letzter Zustand im Diesseits der erste
im Jenseits sein wird, wie auch nicht? Der Tod allein verwandelt Dreck nicht in Gold. Also haben sie dafür gesorgt,
dass der Sterbende die Reise einigermaßen gut übersteht.
Das Mittelalter mit der Ars moriendi, und in Tibet gibt
man 49 Tage lang praktische Ratschläge mit auf den Weg.

Reiseführer ins Jenseits, und der Bedarf an Kompass und Landkarten ist heute so groß wie nie.

Ängstlich drängen die lebenden Leichen sich auf der Brücke und verweigern das andere Ufer. Sie rechtfertigen sich damit, dass Gott die Leidenden liebt. Eine Liebe, die den Staat rund 80 Prozent des Gesundheitsbudgets kostet. Halten wir Gott für ein Ungeheuer?

Im Winter kehrt die Natur in sich selbst zurück, wendet sich nach innen. Das kann eine gute, das kann sogar unsere beste Zeit sein. Oder auch eine schlechte, wenn man sie künstlich verlängert. Der prolongierte Winter verhindert den Frühling. Wie soll er mit seinen Farben, seinen Blüten, seinen Düften kommen, wenn der Winter nicht geht? Ohne Ende gibt es keinen Anfang, und kein Leben ohne Tod.

WASSER DES TODES

Wohin ist der Doktor verschwunden? Methusalem rudert zwar noch immer, aber allein. Das findet er ärgerlich und schläft aus lauter Langeweile ein. Als er wieder aufwacht, bemerkt er, dass sein Boot gekentert ist. Ratlos schaut er ins Wasser, aber da ist kein Wasser mehr. Es ist verschwunden, wie alles auf der Welt verschwindet, wohin eigentlich? Wird er selbst womöglich auch einmal verschwinden? Nein, das glaubt er nicht, das kann er sich nicht vorstellen, das ist völlig unmöglich. Trotzdem zittert er jetzt, wahrscheinlich hat er Fieber. Das kommt vom ewigen Lüften, warum lassen sie sein Fenster nicht zu? Er versucht, aus dem Ruderboot zu klettern. Weil er es nicht kann, fängt er zu weinen an und hört nicht auf. »Ich halte das nicht länger aus!«, sagt Lusine zum Sohn. »Dein Vater sitzt im Bett und flennt. Er isst nichts, er trinkt nichts, wozu koche ich überhaupt? Er jammert nach Wasser. Aber wenn ich ihm eins hinstelle, rührt er es nicht an. Er ist, sagt er, gestrandet. Verstehst du, was er meint?« Der Sohn versteht es auch nicht. »Sie müssen sich daran gewöhnen«, sagt der Hausarzt, »dass Methusalem sich immer weiter von Ihnen allen entfernt.« – »Und wenn er lauter Unsinn redet? Gestrandet ...!« – »Es hat keinen Sinn, ihm zu widersprechen. Sie können ihn nicht mehr verstehen.«

»Wieso wir ihn?«, fragt die Schwiegertochter. »Er versteht uns nicht, weil er nicht mehr richtig im Kopf ist. Das ist das Problem.« Die Familie versucht, es mit einem Spezialisten zu lösen, der ein neues Rezept mit einer imponierend langen Liste von Medikamenten verschreibt. »Nun also«, sagt der Sohn, nachdem er seufzend in seine Brieftasche gegriffen und den Spezialisten zur Tür begleitet hat. »Irgendwie hab ich ein gutes Gefühl.« – »Deine Gefühle«, sagt die Schwiegertochter.

Lusine geht stumm in die Küche, um einen Kuchen für Methusalem aus dem Backrohr zu nehmen, und der Enkel wird mit dem Rezept in die Apotheke geschickt.

Herbert Pietschmann: »Durch die Trennung von Traum und Wirklichkeit geht uns der Sinn (das Tao) ... verloren ... Meine private Methode ist ganz einfach. Ich stelle mir vor, diese Ereignisse geträumt zu haben, und frage, was der Sinn eines solchen Traumes wäre.« (*Das Ende des naturwissenschaftlichen Zeitalters*, Wien 1980)

Träumt Methusalem?

Nicht nur Methusalem, wir träumen alle. Wachen und Träumen gehen nahtlos ineinander über. Wir pendeln mit – vielleicht Lichtgeschwindigkeit? – zwischen beiden Zuständen. Pulsieren, ohne dass der Neocortex es registriert. Manchmal spüren wir, dass wir gerade anderswo sind, womöglich sogar anderswer. Und vergessen es sofort wieder. Das Alter ist ein veränderter Zustand des Bewusstseins, auf den wir mit Panik reagieren können, mit Neugier oder Humor.

Gibt es Spezialisten für den Winter? Gibt es gegen das Alter ein Rezept? Medizin und Pharmaindustrie forschen fieberhaft danach. Finden sie es, bleiben wir jung und müssen womöglich nicht mehr sterben. Was passiert dann? Nichts. Wenn wir nicht mehr sterben, passiert nichts mehr. Die Welt steht still. Ende der Evolution. Sie fließt zwischen Sterben und Geborenwerden. Ein einziges Kommen und Gehen. Wir befinden uns immerzu in Sterbeprozessen, was bedeutet, dass wir beständig andere Nischen der Evolution besetzen. Nur dort sitzen bleiben dürfen wir nicht. Wir müssen die Nischen auch wieder räumen, damit etwas anderes sich entwickeln kann, das Neue braucht Platz. Leben, das nicht sterben kann, bleibt tot.

Dabei sind wir gerade mitten in einer spannenden Mutation. Die Wissenschaft spricht, nach Neandertaler und Homo sapiens, schon vom Homo futurensis und erwartet eine rasante Veränderung unserer Art. Bleiben wir nicht wir selbst!

Teilhard de Chardin: »Die Evolution ... kann sich auf der Erde doch nur vollenden, indem sie durch einen Punkt der Auflösung hindurchgeht.« (*Der Mensch im Kosmos*, München 1959)

BEGEGNUNG IM TRÄNENTEICH

Methusalem kann sich nicht erinnern, wie lange er schon weint. Er vergießt literweise Tränen, bis sich um ihn herum ein großer Teich bildet, auf dem ein weißes Papierschiffchen direkt auf ihn zusteuert.

Ein kleines Mädchen mit langen offenen Locken sitzt drin. Es ist das allerliebste Mädchen, das er jemals gesehen hat. »Wer bist du?«, fragt er und stottert ein bisschen vor Freude.

»Es wundert mich wirklich, dass du mich vergessen hast«, sagt das Mädchen. »Du brauchst keine Ruder mehr. Komm, steig in mein Schiffchen!« – »Also irgendwie bekannt kommst du mir vor«, sagt Methusalem. »Lass mich nachdenken!« Er denkt so lange nach, dass ihm ganz schwindelig wird, denn daran ist er nicht mehr gewöhnt. »Amalia?«, fragt er zögernd. »Oder Annette?«

Das kleine Mädchen schüttelt den Kopf. »Erinnerst du dich wirklich nicht an mich?« – »Manchmal erinnere ich mich nicht einmal an mich selbst«, sagt Methusalem. »Aber es macht nichts, denn so kann ich manchmal jemand anderer sein.« – »Möchtest du das?« Methusalem nickt betrübt. »Ich möchte kein hässlicher alter Mann bleiben«, sagt er. »Ich schäme mich für mich selbst.« – »Du bleibst nicht so«, verspricht das Mädchen. »Nur ich bin immer Alice.«

Alice ... Alice ... Woher kennt er diesen Namen? Er sieht sich plötzlich als kleinen Buben im Matrosengewand. Da war ein helles Zimmer mit einer Eichhörnchentapete, in dem er spielte. Ein roter Ball lag auf dem Boden, und daneben ein Buch. Das Mädchen auf dem Buchdeckel sah genauso aus wie das Mädchen im Boot. »Kannst du den Titel lesen?«, fragt das Mädchen im Boot.

»Nein«, sagt Methusalem verlegen. »Ich bin schon zu dumm. Früher allerdings konnte ich gut lesen. Sogar Lateinisch! Auch schreiben. Ich hatte eine zierliche Schrift, wie gestochen. Nein, was man alles im Lauf seines Lebens verlernt!«

»Macht nichts«, sagt das Mädchen, aber nicht das im Boot. Also können auch Mädchen auf einem Buchdeckel sprechen? Wirklich sehr merkwürdig. »Ich werde dir«, fährt es fort, »meinen Titel selbst vorlesen, er ist ziemlich hübsch.« Und, nach einer eindrucksvollen Pause: »*Alice im Wunderland*«.

»Alice – wo?«, fragt Methusalem und hält die Hand hinter sein rechtes Ohr. »Du musst schon entschuldigen, aber leider werde ich taub. Das ist sehr unangenehm, weil ich die Grillen nicht mehr zirpen höre, und die Vögel werden auch manchmal stumm. Sogar das Hupen der Autos ... Obwohl das manchmal eher angenehm ist.«

»Im Wunderland«, wiederholt Alice freundlich. »Soso«, brummelt Methusalem. »Seinerzeit, als ich noch jünger war, bin ich furchtbar gerne verreist. Ich war schon in Venedig, Abbazia und Paris. Sogar in Ägypten! Aber im Wunderland war ich noch nie. Sie bieten es auch nicht in den Reisebüros an.«

»Natürlich nicht«, sagt Alice. »Ins Wunderland kommt man ohne Reisebüro, ohne Fahrkarte und ohne Pass.« – »Auch ohne Devisen?«, fragt Methusalem und ist richtig stolz, dass ihm das eingefallen ist. »Im Wunderland«, sagt Alice, »gilt eine andere Währung.« – »Der Euro!«, strahlt Methusalem, heute hat er aber wirklich einen guten Tag. »Das Wunderland«, lächelt Alice, »gehört nicht zur Europäischen Union, und man bezahlt nicht mit Geld.«

Methusalem kann nicht mehr ganz folgen. Sein kurzer Höhenflug geht, wie er enttäuscht feststellen muss, schon wieder zu Ende. »Ja, und wo soll dieses Wunderland sein?«, fragt er darum gereizt. »Du bist schon dort«, sagt Alice.

DIE KANÄLE DES BEWUSSTSEINS

Das Bewusstsein kommt mir oft vor wie ein Labyrinth, in dem wir uns immer wieder verirren. Oder ein System, aus dem wir verschiedene Programme abrufen können. Wie bei der Television, und jeder Kanal täuscht eine andere Wirklichkeit vor. Wirklichkeiten, in die unsere Aufmerksamkeit uns versetzt. Der Beobachter, sagt die Quantenphysik, ist Teil des Beobachteten.

Welches Programm wir wählen, hängt wohl von unserem jeweiligen Zustand ab, dem psychischen Code. Ob wir für unseren psychischen Code und also für das Programm – unser Schicksal – verantwortlich sind oder nicht, ist eine alte Frage, auf die es viele Antworten gibt.

Räume sind, wie die ihnen entsprechenden Zustände, nämlich nicht voneinander getrennt. Sie durchdringen einander. Die Physik spricht von Parallel-Welten und, da auch die Zeit sich nicht an eine einzige Richtung hält, von Parallel-Zeiten oder Zeitdimensionen. Um das zu verstehen, müssen wir alles vergessen, was wir gelernt haben. Was Methusalem längst nicht mehr schwer fällt. Beklagen wir nicht die Vergesslichkeit des Alters, in vielem ist sie ein Segen.

Methusalem ist also ins Wunderland geraten, und das Wunderland ist jetzt und hier. Aber wie kommt Methusalem in einen Teich?

Meinen Vater zog es nie über die engere Heimat hinaus. Nur einmal lud er seine Geliebte an die Adria ein. Bevor sie die Reise antraten, war er tot.

»Nie hab ich ein Haus am Wasser gehabt«, klagte Gottfried von Einem, mein Mann. »Ich möchte einen Bach rauschen hören.« Ich fuhr sofort los und kaufte ein Haus am Bach, dessen Quelle – wie sich später herausstellte – vom Kuhstall des Nachbarn gespeist wurde. Drei Tage später war ich Witwe. »Geht es ans Sterben«, belehrte seine Ärztin mich beim Begräbnis, »sehnt sich jeder nach Wasser. Deshalb hättest du nicht gleich ein Haus kaufen müssen. Gottfried hat die Styx gemeint.«

Die Kelten nannten ihr Totenreich das »Land unter den Wellen«, und für die Germanen wurden die Seelen der Verstorbenen ins Wasser entrückt. Über die ganze Welt verbreitet ist der Glaube, dass man über ein großes Wasser ins Jenseits gelangt. Frau Holle im Brunnen ist keine andere als die Totengöttin Hel.

Sie müssen aber nicht erschrecken, wenn Sie gerade eine Reise in die Karibik gebucht haben. Für Sigmund Freud war Wasser kein Todes-, sondern ein Sex-Symbol. Oder schließt sich nur ein magischer Kreis? Dass wir Leben und Tod getrennt voneinander erfahren, ist keineswegs selbstverständlich, sondern die Ausnahme. Andere Kulturen haben beide als Einheit erkannt.

DAS IMMER SELTENERE
AUFLEUCHTEN DER WELT

Methusalem sieht seine Familie nicht mehr so oft. Sie ist zwar noch da und wird sogar zunehmend lästiger. Doch gleichzeitig weicht sie, wie das Meer bei Ebbe, immer weiter von ihm zurück. Oder vielleicht wächst nur der Tränenteich. Alles wächst schließlich, Kinder, Bäume, die Milchstraße. Und je größer der Tränenteich wird, umso weiter entfernen sich seine Ufer.

Es kommt zwar noch manchmal vor, dass er vage Gestalten an diesem oder jenem Ufer wahrnimmt, die winken und ihm aufgeregt etwas zurufen. Nur ergeben ihre Worte eigentlich keinen Sinn. Was, bitteschön, soll er schlucken? Medizin? Was ist das nun wieder? Er hat dieses Wort bestimmt nie zuvor gehört und stellt sich beim besten Willen nichts darunter vor. Und wie kann er sein Bett nass gemacht haben, wenn er doch mit der wunderschönen kleinen Alice im weißen Papierschiffchen sitzt? Die Leute am Ufer müssen verrückt sein.

Wie traurig, denkt er voll Mitgefühl und bespricht es mit Alice. Auch das geheimnisvolle Verschwinden der Uferbewohner, die ihm ins Ohr brüllen, dass sie seine Frau wären, seine Kinder oder gar Enkel. Was hat das zu bedeuten?

Denn obwohl sie ihm einerseits bekannt vorkommen, sind sie ihm andererseits völlig fremd.

»Pass auf«, sagt Alice, »ich werde es dir erklären. Du hast eine Wunderlampe in deinem Kopf.« – »Oh, wirklich?«, entgegnet Methusalem überrascht. »Davon habe ich bis jetzt gar nichts gemerkt.« Alice lächelt. »Nicht weil die Sonne scheint, leuchtet die Welt. Sie leuchtet, weil du dein Licht auf sie richtest. Tust du es nicht, geht sie aus.« – »Du meinst, von Natur aus ist alles finster?« – »Alles«, bestätigt Alice.

Methusalem versucht, darüber nachzudenken. Aber es ist wie mit dem Schnurspringen oder Radfahren, er kann es einfach nicht mehr. »Du musst nicht nachdenken, um zu verstehen«, sagt Alice. »Wenn du nachdenkst, verstehst du eher nichts. Deine alte Welt versinkt in der Dämmerung des Abends. Du fängst an, sie zu vergessen.« – »Ich vergesse«, fragt Methusalem erschrocken, »die Welt?« – »Nur eine«, beruhigt ihn Alice. »Eine von vielen. Du ziehst gerade in eine andere um.«

»Was ist Illusion, und was Wirklichkeit?« (Walter Thirring in seiner *Autobiografie*, Wien 2008)

GEHT EINE WELT UNTER,
GEHT EINE ANDERE AUF

Wahrscheinlich wechseln wir fortwährend die Welten, was uns, da wir dabei auch immer uns selbst wechseln, nicht weiter auffällt. Drastisch, ja dubios kann es werden, sobald wir in die Nähe des Todes geraten.

Wenn diese Welt ihre festen Konturen verliert und die Gefährten des Lebens in immer dichteren Nebeln verschwinden, taucht zuweilen eine andere Welt auf, und andere Gefährten gesellen sich zu uns. Engel, Geister, Dämonen ...

Leider auch garstige Plagen. Der Leib nimmt mit den Jahren schlechte Gewohnheiten an. Das Alter beleidigt und demütigt uns. Und wenn wir noch so tapfer kämpfen, wir verlieren den Krieg gegen die Zeit. Also ergeben wir uns lieber mit der weißen Fahne des Humors. Lachen befreit von falschen Gewichten. Statt uns gegen das Leid aufzulehnen, haben wir es relativiert. Das heißt: eingeschränkt, indem wir es mit etwas anderem in Beziehung brachten. Zum Beispiel mit dem Kosmos, aber die Milchstraße genügt auch. Sogar in Beziehung zur Sonne wird jeder Jammer zu Fliegendreck.

Wie alt ist die Sonne, die Milchstraße, der Kosmos – und wie alt sind Sie? Na also. Ärgert sich die Sonne, schämt sich der Kosmos, ist es der Milchstraße peinlich? Das glaube ich nicht.

Und erst die kosmischen Missgeschicke und Pannen! Kollisionen, Explosionen, Kannibalismus unter Galaxien. Und Sie haben nur Ihre Telefon-Nummer vergessen oder Ihren Namen, die Schlüssel in der Mülltonne entsorgt und schon das dritte Paar Hüften. Das Alter ist eine Büchse der Pandora, im Himmel wie auf Erden. Fragen Sie die Sterne! Vielleicht sollten wir uns ein Beispiel an ihnen nehmen? Sterne gehen nicht zum Doktor und ins Altersheim. Sie explodieren, und ihr Licht reist durch die Zeit.

MONSIEUR MADAME

Alice ist verschwunden, hat Methusalem die Lampe in seinem Kopf ausgeknipst? Im weißen Papierschiffchen auf dem Tränenteich fühlt er sich ohne sie ganz verloren. Umso mehr, als er merkt, dass er in gar keinem weißen Papierschiffchen sitzt. Sondern in seinem eigenen Bett, das zwar auch weiß, aber bestimmt nicht seetüchtig ist. In seiner Not beschließt er, nicht mehr zu weinen. Er versucht, sich an lustige Episoden in seinem Leben zu erinnern. Da aber sein Gedächtnis nachlässt, fällt ihm nicht eine einzige ein. Aus purer Verzweiflung faltet er die Hände und betet, wie man ihn als Kind gelehrt hat:

> Bitte, lieber Schutzengel mein,
> Lass mich dir befohlen sein,
> Sei hübsch artig und auch fromm,
> Bis nach Haus ich wieder komm!

Irgendetwas, spürt er, stimmt nicht mit dem Gebet. Da er seit seinem zwölften Lebensjahr sowieso nicht an Schutzengel – oder Engel überhaupt – glaubt, spielt es wohl keine Rolle. Umso weniger, als er nicht mehr weiß, wo er zu Hause ist. Als er darüber nachdenkt, knurrt sein Magen laut und vernehmlich.

Bevor ich sterbe, überlegt er sich, könnte meine Frau mir geschwind noch ein paar Pfannkuchen backen. Es ist weniger sein Herz als der Magen, der ihn daran erinnert, verheiratet zu sein. Er hat zwar vergessen, wie seine Frau heißt. Irma? Grete? Sidonie? Egal, ein Name würde an der Qualität der Pfannkuchen nichts ändern. »Liebchen«, schreit er aus Leibeskräften, »hallo, Schatz!«

Merkwürdig, sie kommt nicht aus der Küche. Sie kommt direkt aus dem Teich. Früher, als er noch Museen besuchte, hat er die Bilder einer Schaumgeborenen, die aus dem Meer steigt, sehr bewundert. Daher wird er, als es in seinem Tränenteich zu gurgeln beginnt, in freudige Erwartung versetzt. Ferne Namen wie Venus und Aphrodite schwirren durch seinen Kopf und vermischen sich angenehm mit Aprikosenmarmelade. Er wartet.

Was aber aus seinen Tränen auftaucht, ist anders. Er sucht auf dem Nachttisch nach seiner Brille und findet sie nicht. Was er mit bloßem Auge erblickt, sieht jedenfalls aus wie ein Vogel. Ein schwarzer Vogel mit gelbem Schnabel in einem Frack aus rotem Samt. Er erinnert sich nicht daran, ihn geheiratet zu haben. Aber Methusalem erinnert sich, um aufrichtig zu sein, nur mehr an wenig.

»Ich habe Appetit auf Pfannkuchen«, sagt er schüchtern. Denn er traut dem Vogel nicht ganz. Hat er seine Frau jemals mit Flügeln gesehen? »Ich kann leider nicht kochen«, sagt der Vogel. »Sollen wir in ein Restaurant gehen?« – »Lieber nicht«, denkt Methusalem beklommen, aber er sagt es nicht. Der Vogel scheint ihn trotzdem zu verstehen: »Es ist vielleicht gemütlicher hier.«

Gemütlich? Aber ganz und gar nicht. »Es ist nämlich so, dass ich mich nicht mehr mit mir selbst auskenne«, sagt Methusalem kläglich. »Ich weiß nie genau, wer ich bin, und wo.« – »Aber das weiß niemand!«, sagt der schwarze Vogel und lächelt. »Jedenfalls kein Mensch.«

Noch immer lächelnd, was bei seinem großen gelben Schnabel ein wenig sonderbar wirkt, nimmt er seinen Hut vom Kopf. Es handelt sich um ein wahres Ungetüm von Hut, beladen mit Blumen, Früchten und sogar Dingen, die Methusalem ein Rätsel bleiben. Dass man heutzutage noch so etwas trägt, denkt er, und es passt überhaupt nicht zum Frack.

Der Vogel kann tatsächlich Gedanken lesen. »Ich halte mich«, sagt er, »nicht an die Mode. Ich trage einfach, was mir gefällt. Würden die anderen das auch tun, wären sie ohne Zweifel ein hübscher Anblick.« Dazu kann Methusalem nun wirklich nichts sagen. Er hat immer angezogen, was zuerst seine Mutter und später dann seine Frau für ihn hinlegte, ohne darüber nachzudenken, ob es hübsch war oder nicht.

»Wir werden später eine sehr farbige Krawatte aus dem Schrank holen«, sagt der Vogel. »Das gibt Ihrem weißen Nachthemd gleich viel mehr Pfiff. Aber zuvor ...« Und er hält Methusalem seinen riesigen Hut unter die Nase. »Zuvor müssen Sie etwas essen, wenn es auch nicht direkt Pfannkuchen sind. Die Kirschen kann ich empfehlen, sie sind wirklich sehr süß. Vielleicht noch ein Pfirsich und ein paar Nüsse, wenn es Ihre Zähne vertragen?«

Mit einem wahren Heißhunger macht Methusalem sich über den Hut her. Er kostet von allem, nur nicht von den Nüssen. »Verbindlichsten Dank«, sagt er. »Das war viel besser als Griesbrei und Spinat, die ich sonst immer kriege.« Damit gibt er den nahrhaften Hut zurück, und der Vogel setzt ihn wieder auf, wobei er einen sorgfältigen Blick in den Schrankspiegel wirft.

Angenehm gesättigt, schläft Methusalem ein und träumt von einer Hexe, die zetert, er hätte statt der Pfannkuchen ihren Hut aufgefressen. Oder vielleicht war es doch keine Hexe, denn sie weint bitterlich und versucht, was sehr unangenehm ist, Methusalem zu küssen. Er ist nur zu froh, als er endlich aufwacht und den schwarzen Vogel an seinem Bett sitzen sieht. »Wenn Sie vorhaben, länger zu bleiben«, schlägt er hoffnungsvoll vor, »sollten Sie mir vielleicht sagen, wer Sie sind? Für einen Menschen sehen Sie etwas merkwürdig aus.« – »Ich bin auch kein Mensch«, sagt der Vogel.

»Ohne diesen Hut«, überlegt Methusalem, könnte man Sie direkt für einen Raben halten.« – »So, könnte man das? Zerbrechen Sie sich darüber nicht den Kopf. Nennen Sie mich einfach Monsieur ...« – »Monsieur wie?« – »Monsieur Madame«, sagt das Wesen, das vielleicht ein Rabe ist, und vielleicht auch nicht.

»Monsieur Madame? Das ist der seltsamste Name, den ich jemals gehört habe. Sind Sie so getauft?« – »Ich bin nicht getauft«, sagt Monsieur Madame.

Will-Erich Peukert: »Der Rabe ist ein dämonisches Wesen, das mit der Totenwelt zusammenhängt; das macht ihn zu des Totengottes Tier.« (*Handwörterbuch des deutschen Aberglaubens*, Berlin 1987)

UNSICHTBARE GEFÄHRTEN

Todesbote, Seelenvogel, Hexentier. Wie kommt der Rabe an Methusalems Bett? Das ist nicht weiter ungewöhnlich. Unsichtbare Gefährten haben viele schon in der ersten Kindheit, und in der zweiten Kindheit, die man Alter nennt, auch.

Urbilder, Urgestalten wie Alice im Wunderland bevölkern den inneren Kosmos. Lewis Carroll hat sie zu unser aller Freude in den äußeren Kosmos geholt. Doch könnte es sein, dass beide Kosmen ein einziger sind. In außergewöhnlichen Situationen tauchen Archetypen unerwartet auf. Der Tod, und er wirft lange Schatten, ist eine außergewöhnliche Situation.

Vielleicht richten wir dann unsere Wunderlampe, in deren Licht Unsichtbares sichtbar wird, anderswohin als sonst. Das Ungewöhnliche, das wir dabei erfahren, ist nicht weniger wirklich als die gewohnte und gewöhnliche Realität. Ginge der Mond zum ersten Mal auf, hielten wir ihn für ein Wahnbild. Denn wir sind auf Wiederholbarkeit programmiert, auf Bestätigung statt Erneuerung. Alles Neue macht uns zunächst Angst, und wir leisten ihm erbitterten Widerstand.

Das geht von technischen, wissenschaftlichen und religiösen Modellen bis zum Schneckentempo der Evolution. Es scheint, unsere Gene müssen geradezu gezwungen werden, sich zu verändern. Wenn man bedenkt, wie lang es bis zum Homo sapiens gedauert hat! Und ein Ruhmesblatt ist er nicht. Da kann man nur hoffen, dass der Evolution oder dem lieben Gott noch etwas anderes einfällt als wir.

Zum Glück wandeln wir uns auch jenseits der Gene. Eine Art außerbiologischer Entwicklung des Bewusstseins, die allgemein als Störung empfunden und mit allen Mitteln bekämpft wird. Wer etwas entdeckt, das im Widerspruch zum öffentlichen Stand des Bewusstseins steht, wird lächerlich gemacht und bestraft. Die Festung eines Weltbildes ist nahezu uneinnehmbar. Ich weiß, wovon ich rede, weil ich sie seit fast einem halben Jahrhundert belagere. Erstürmen konnte ich sie bisher nicht.

METHUSALEM FÄHRT AUS DER HAUT

Monsieur Madame erweist sich als äußerst angenehme Gesellschaft. Von nun an sitzt er Tag und Nacht an Methusalems Bett und erzählte unterhaltsame Geschichten, über die Methusalem lacht, obwohl er sie nie ganz versteht. Aber es tut gut, Monsieur Madame zuzuhören, wenn er manchmal krächzt und manchmal singt oder beides auf einmal. Es erinnert Methusalem an die Zeit, als er ein Kind war und noch nicht sprechen konnte. Ein paar Mal glaubt er sogar, seine eigene Stimme von damals zu hören, ist das nicht sonderbar?

Verwundert schließt er die Augen, und als er sie wieder öffnet, steht der Mond im Fenster. Oder ist es die Sonne? Methusalem schaut, um das zu überprüfen, auf die Uhr auf seinem Nachtkästchen. Doch hat er leider die Sprache der Zeiger verlernt. »Ich weiß nicht mehr, wie spät es ist«, sagt er verstört. »Das ist ein sehr großer Fortschritt«, sagt Monsieur Madame. »Dann bist du immer und überall pünktlich.«

Es ist das erste Mal, dass sie Du zueinander sagen. »Wie soll ich dich ansprechen?«, fragt Methusalem mit einem zweifelnden Blick auf den Hut. »Monsieur Madame oder Madame Monsieur?« – »Wie du gerade willst«, sagt das

geflügelte Wesen. »Es stimmt, da ich doppelt bin, beides.« – »Du bist doppelt?«, staunt Methusalem. Zwar
hat er, wenn er einmal zu viel Erdbeerbowle oder gar
Brandy getrunken hat, seine Frau doppelt gesehen. Doppelt schon, aber gleich!
»Alles ist doppelt«, erklärt Monsieur und Madame. »Du
auch.« Das versteht Methusalem nicht, also schläft er,
um nicht darüber nachdenken zu müssen, einfach ein.
Madame und Monsieur breiten schützend zwei Flügel
über ihn. Den Monsieur-Flügel und den Madame-Flügel,
zusammen ein Paar.
Der Enkel kommt an Methusalems Bett. »Er schläft nur
mehr«, stöhnt er, »und wenn er aufwacht, redet er mit
einem Vogel. Wir halten das nicht länger aus. Großmutter
säuft, Mutter ist ins Hotel gezogen, und Vater schluckt
Valium. Bestimmt falle ich beim Rigorosum durch. Warum
kann Großvater nicht sterben? Andere Leute sterben doch
auch.«
»Ich werde mir Mühe geben«, sagt Methusalem bekümmert und richtet sich auf. »Du lügst«, tadelt Monsieur
Madame. »Du gibst dir überhaupt keine Mühe.« – »Natürlich nicht«, gibt Methusalem zu. »Wer gibt sich schon
Mühe, zu sterben? Wenn ich tot bin, gibt es mich nicht.«
Bei dieser Vorstellung fängt er zu schreien an.
Der Doktor kommt mit einer Spritze. Als er ihn in den Arm
stechen will, fährt Methusalem vor Schreck aus der Haut.
Aus der Haut gefahren zu sein, ist ein merkwür-
diges Gefühl. Er schwebt jetzt am Plafond und schaut

verwundert auf sich selber herab. »Bin ich tot?«, fragt er beklommen.

»Tot ist man immer«, sagt Monsieur Madame. »Lebendig auch. Zwei Seiten *einer* Münze. Wenn du dich aber mit dem Doktor unterhalten willst, musst du deinen interessanten Ausflug unterbrechen und wieder in den Leib kommen.« Nicht ohne Abscheu blickt Methusalem auf das garstige Ding im Bett, und schon ist er wieder drin. »Mir geht es«, jammert er, »gar nicht gut."

»Alt werden«, sagt der Doktor teilnahmsvoll, »ist kein Vergnügen.« – Warum nicht?, denkt Methusalem. So vieles ist ein Vergnügen. Kino, Küssen, Schokolade ... Ausgerechnet Altwerden soll keines sein?

WOLKE UNTERWEGS

Es war eine interessante Entdeckung für Methusalem, dass der Körper etwas ist, in das man ein- und aus dem man austreten kann – und dann gibt es uns immer noch. Eine Entdeckung, die den Tod total relativiert.

Die Quantenphysik hält den Körper für eine Wahrscheinlichkeitswolke, also etwas, das nicht ganz so wirklich ist, wie wir glauben. Und dann gibt es einen zweiten Körper, der noch viel wolkiger ist und sich zuweilen vom ersten trennt. Nicht nur Methusalem. Das Phänomen ist allen Zeiten und Kulturen bekannt, obwohl hartnäckige Materialisten, allesamt mit einem engen Bewusstseinsradius geschlagen, es noch immer leugnen.

Tatsache ist, dass wir eine Doppelexistenz haben wie Lichtteilchen und Lichtwelle, und ist die Welle vielleicht realer als das Teilchen? Physiker der ersten Reihe weigern sich bereits, von Elementarteilchen zu sprechen, und Hans-Peter Dürr nennt sie lieber »Passierchen«, weil dauernd etwas passiert, das man nicht greifen kann, und es die als »Sache« gedachte Materie gar nicht gibt.

Was also »passiert« mit Methusalem, und was mit Ihnen? Gewissermaßen ist jeder von uns ein Ereignis, das in energetischen, in Frequenzlandschaften stattfindet, die wir für Berge, Wälder, Meere halten. Wir haben ein sehr kleines Frequenzfenster, durch das wir elektromagnetische Wellen wahrnehmen, die wir in vertraute Bilder übersetzen. Was unvertraut und fremd ist, filtert unser Gehirn sofort aus. Das bedeutet, dass wir beinahe nichts über die Welt wissen, in der wir leben, und kaum etwas über uns selbst.

William Buhlman: »Alles um uns herum existiert auch in einer parallelen, nichtphysischen Dimension des Universums ... durch ihre innere Frequenz sind beide jedoch miteinander verbunden, so wie Lichtteilchen und Lichtwellen als eine einzige Energieeinheit miteinander verbunden sind.« (*Out of Body*, München 2003)

Das wunderbare Altersheim

Als der Doktor ihm endlich die Spritze verpasst, ruft Methusalem laut um Hilfe. Er beruhigt sich erst, als statt des Doktors ein fremder Mann an seinem Bett steht. »Sind Sie von der Polizei?«, fragt er erleichtert. »Wieso Polizei?« Der Fremde zuckt nervös mit den Augenbrauen und nimmt aus einem Fläschchen, auf dem Valium steht, zwei Tabletten in den Mund. Nachdem er sie hinuntergeschluckt hat, brüllt er: »Ich bin dein Sohn!«

»Angenehm«, und Methusalem lächelt höflich, obwohl der Fremde nicht wie ein Sohn aussieht. Sein Haar ist, soweit überhaupt noch vorhanden, schon grau. Gequält lächelt er zurück: »Ich möchte mit dir sprechen, Papa.« – »Tust du das«, fragt Methusalem, »nicht gerade?«

Der Sohn zündet sich eine Zigarette an, und Methusalem hustet. »Wir haben uns mit dem Doktor beraten, und mit dem Spezialisten auch.« – »Ich und du?« – »Nein, ich und die Familie. So geht es nicht weiter!« Da Methusalem nicht die geringste Ahnung hat, was der Sohn damit meint, schweigt er und wartet. »Das siehst du doch ein, Papa?« – »Ich weiß nicht. Du musst mir zuerst sagen, was ich einsehen soll?«

Der Sohn ist inzwischen bei seiner zweiten Zigarette angelangt. »Keine Aussicht auf Besserung!«, stößt er zwischen Rauchwölkchen hervor. »Ich wusste nicht, dass du krank bist«, sagt Methusalem besorgt. »Wenn du natürlich so viel rauchst ...« – »Es geht nicht um mich!« Der Sohn steht auf und geht erregt im Zimmer herum. »Erinnerst du dich noch an Onkel Wilhelm?« – »Aber sicher! Bruder Willi hat mich erst gestern besucht.« – »Dein Bruder ist seit fünf Jahren tot.« – »Das tut mir leid«, murmelt Methusalem betrübt. »Onkel Wilhelm ist sehr glücklich gestorben«, erklärt der Sohn bedeutungsvoll. »Und weißt du, warum?« – »Hat er sich endlich scheiden lassen?« – »Nein, er ging in ein Altersheim.« – »Willi, wieso? Er ist doch nur ein paar Jahre älter als ich. Nein, das wusste ich nicht.« – »Du hast ihn«, sagt der Sohn, »dort jeden Sonntag besucht.«

Das Gespräch, so kommt es Methusalem vor, läuft irgendwie schief. »Ich bin sehr müde«, sagt er weinerlich und macht beide Augen fest zu. »O nein! Und wovon solltest du müde sein? Du schläfst fast den ganzen Tag. Nur in der Nacht wanderst du herum und weckst alle auf.« – »Weil ich nicht schlafen kann«, sagt Methusalem vorwurfsvoll, was einerseits logisch ist und andererseits wieder nicht.

»Ich möchte, dass du dich an Onkel Wilhelms wunderbares Altersheim erinnerst«, beharrt der Sohn. »Er ist dort richtig aufgeblüht.« – »Willi, jetzt weiß ich es wieder, ist dort gestorben.« – »Irgendwo muss man ja sterben. Und irgendwann!« – »Schrei nicht so. Auch wenn ich schwerhörig bin, kann ich dich sehr gut verstehen.« Und das stimmte auch, leider.

Der Sohn schaut seinen Vater nicht an, als er geht. In der Tür dreht er sich noch einmal um: »Onkel hatte ein Verhältnis mit der Pflegerin.« Lacht Methusalem? Aber es klingt wie ein Wimmern.

Der Sohn weiß, wo seine Mutter den Whiskey versteckt. Gott sei Dank weiß er es!

Ein Irrtum und seine Folgen

Altwerden kann sehr wohl ein Vergnügen sein, wir müssen es nur zu einem machen. Statt passiv auf das Ende zu warten, könnten wir uns aktiv auf unseren Anfang vorbereiten. Mit dem Tod beginnt unsere postbiologische Existenz. In allen Kulturen und zu allen Zeiten wird über sie berichtet, und als Nahtoderfahrung wird sie rund 15 000-mal im Internet sowie in zahlreichen Büchern zitiert, deren Autoren häufig renommierte Universitätsprofessoren sind. Ich selbst habe rund ein Dutzend Bücher zum Thema geschrieben, die allesamt nicht rezensiert worden sind. Denn ich beweise, dass die Erfahrung dieser zweiten Existenz nicht nur in Todesnähe, sondern jederzeit auftreten kann. Bei voller Gesundheit und ohne Einnahme von Drogen oder Medikamenten. Ich habe Zeugen genannt, die mich an vielen Orten, an denen ich nachweislich nicht war, außerhalb meines Körpers wahrgenommen haben. Nicht ein Einziger wurde befragt.

Ich sage, ja schreie in allen meinen Büchern, Vorträgen oder Talkshows: Ich bin nicht mein Körper! Sie sind nicht Ihr Körper! Wir sind etwas anderes, das in sterblichen Leibern erscheint. Ob Seele oder Geist schon die richtigen Namen für dieses andere sind, weiß ich nicht. Ich weiß nur, dass es von unglaublicher Intensität und viel realer als die sogenannte Wirklichkeit ist. Habe ich die Wissenschaft angeregt, dieses unser Leben völlig verändernde Phänomen zu erforschen? Nein, das habe ich nicht. Meine Erfahrungen werden belächelt, totgeschwiegen oder in den Bereich der Psychiatrie verwiesen.

Meine Erfahrungen? Dutzende von Menschen kontaktieren mich, weil sie dieselben machen und aus den eben angeführten Gründen verheimlichen. Der Druck der öffentlichen Meinung, auch wenn ich selbst mich ihm widersetzt habe, verhütet Aufklärung und lässt keine Änderung eines fatalen Weltbildes zu.

Physiker, ja selbst Parapsychologen der zweiten und dritten Kategorie attackieren mich und verlangen die Entfernung meiner Schriften aus dem Schulunterricht. Ich nehme es mit Humor, Dummheit beleidigt mich nicht. Aber diese Dummheit kostet die Menschen jede Menge Elend und Angst und den Staat ein Vermögen. Denn wir werden immer älter, immer kränker, immer pflegebedürftiger – und verweigern den Tod, weil wir glauben, dass es uns dann nicht mehr gibt. Unsere Anstrengungen, mit allen Mitteln und unter allen Umständen am Leben zu bleiben, sind lächerlich, widerwärtig und würdelos. Der bereits von vielen Nobelpreisträgern wie Einstein, Born, Bohr, Heisenberg, Schrödinger, Pauli et cetera widerlegte Irrtum mechanistisch-materialistischer Wissenschaft gehört endlich aus den Universitäten entfernt.

Leo Tolstoi: »Er suchte seine bisherige gewohnte Todes-
furcht und fand sie nicht. Wo war er? Was war der Tod?
Er empfand nicht die geringste Furcht, denn es gab gar keinen Tod. Statt des Todes war Licht da. ›Das also ist es!‹, sagte er plötzlich laut. ›Welch eine Freude!‹« (*Der Tod des
Iwan Iljitsch*, Stuttgart 1986)

Unerwarteter Besuch

War sie eine Primaballerina? Methusalem traut seinen Augen nicht. Ein Mädchen, in eine weiße Tüllwolke gehüllt, tänzelt auf Spitzen in sein Zimmer. »Weißt du noch?«, zwitschert es. »Ich bin Fanny!«

Fanny … Wenn ihn nicht alles täuscht, ist sie seine große Liebe gewesen. Die Küsse im dunklen Hausflur. Oder war es in einer Gondel? Venedig vielleicht. Methusalem seufzt. »Wie geht es dir, Fanny?«, fragt er.

»Wunderbar!«, versichert Fanny. »Ich bin Gott sei Dank tot. Schon lang, und das solltest du auch probieren. So lang du lebst, hast du nichts als Ärger, es ist wirklich nicht zu empfehlen.« – »Gibt es dort Kino?«, erkundigt Methusalem sich interessiert, »und Schokoladen-Eis?«

Statt Antwort auf die letzten Fragen zu geben, und nie ist Methusalem der Lösung der Welträtsel näher gewesen, verschwindet Fanny einfach mit einem Salto in der Luft. Dafür ist Monsieur Madame wieder da. »Bist du überrascht?«, fragt er. »Ein bisschen schon«, sagt Methusalem enttäuscht. »Nicht einmal gegrüßt hat sie. Sehr unhöflich, immerhin war ich einmal …« Leider fällt ihm nicht mehr ein, wer er einmal war, oder was.

Er versucht, sich an Berufe zu erinnern. Er hat selbst einen gehabt. Ein Wort summt wie eine Biene in seinem Kopf.

»Herr Professor.« Hat man ihn so genannt? Er ist nicht ganz sicher. »Bist du auch ein Professor?«, fragt er.

»So etwas Ähnliches vielleicht«, und Monsieur Madame lächelt. »Obwohl mich niemand so nennen würde.« – »Du gibst auf mich acht«, grübelt Methusalem. »Hat meine Familie dich engagiert?« – »Nein«, erklärt Methusalem, »deine Familie nicht.« – »Hätte mich auch gewundert. Du bist sicher sehr teuer.« – »Ich koste«, sagt Monsieur Madame, »überhaupt nichts.«

Vergehen so Minuten, Stunden, Tage? Die Zeit ist ein Labyrinth, in dem Methusalem sich immer mehr verirrt. In seinen hellen Momenten, die zugleich seine dunkelsten sind, nimmt er den eigenen Verfall wahr. Sein Leib verwest, und sein Verstand löst sich auf.

Nicht zum ersten Mal zweifelt er an Monsieur Madames Wirklichkeit. Womöglich gibt es ihn nur wie den Oster- hasen oder den Weihnachtsmann. Aber dann möchte er wieder ein Kind sein, wenn auch nicht dasselbe, das er einst war. Nur, wie wird man ein anderes Kind?

»Hast du Angst vor dem Tod?«, fragt Monsieur Madame. »Ja!«, schluchzt Methusalem. »Ja, ja!« Wenn er schon ster- ben muss, will er wenigstens nichts davon merken. Er wünscht, der Doktor wäre wieder da und gäbe ihm eine Spritze. Eine so starke Spritze, dass er endlich aufhört, er selber zu sein. Man selbst zu sein, ist oft keine Freude.

Lewis Thomas: »Die lange Gewohnheit des Lebens ... nimmt uns gegen das Sterben ein.« (*Das Leben überlebt*, Köln 1976)

DER ENGEL DES ALTERS

Auch Engel brauchen Engel. Gehilfen, Sekretäre, einen irdischen Famulus. Denn uns fehlt die Sterbekultur. Wir müssen die schöne Kunst des Sterbens wieder erlernen. Unsere Vorfahren verstanden sich noch auf diese heiligste aller Künste. Erst in unserer von Ratio und Materialismus diktierten Zivilisation ging sie verloren. Von allen Zeitaltern war das der Aufklärung eines der finstersten. Wir haben uns vom Geist losgesagt und mit dem Verstand verbündet. Wir haben den Sinn mit dem Nutzen vertauscht. Wir konsumieren die Welt, wir konsumieren das Leben, und zum Konsumverzicht sind wir nicht mehr bereit.

Lebenssucht ist das Zerrbild der Lebensfreude und die wahrscheinlich teuerste aller Süchte. Allerdings wird sie nur selten von denen bezahlt, die sie befriedigen. Die Wurzeln der Lebenssucht sind Unwissenheit und Angst und die Komplizen ihrer Befriedigung eine verblendete Medizin. Es ist die Flucht vor dem Tod, die das Alter würdelos macht und seiner Autonomie beraubt. Der Virus der Todesangst hat die Menschen befallen. Es bedarf einer zweiten und anderen Aufklärung, ihn zu besiegen. Zum Glück gab und gibt es Menschen, die ihrem Gehirn den Gehorsam verweigern. Sie sehen das Unsichtbare, hören das Unhörbare, und wir erklären sie für verrückt.

Sterben kann man nur im Zustand der Entspannung. Schmerztherapien, offene Gespräche und eine liebevolle Atmosphäre sind wichtig. Die gramvolle Anwesenheit Angehöriger stört empfindlich. Wünschen Sie lieber, aber wünschen Sie es wirklich, eine glückliche Reise!

Eine nicht vollzogene Versöhnung, ein nicht erfülltes Versprechen, die Sorge um ein Haustier können das Sterben qualvoll verlängern. Fachleute müssten sich darum kümmern. Patienten, denen so ein Stein vom Herzen genommen wird, sterben erleichtert und beinahe sofort. Ärzte und das Pflegepersonal sollten über die Phänomene des Sterbens und die Funktion des Todes aufgeklärt werden. Er ist keine medizinische Niederlage, sondern der Übergang in unsere transbiologische Existenz. Wir erhöhen nur die eigene Schwingung.

Der muskulär, psychisch und mental entspannte Patient hat den leichteren Tod.

Die Grenze ist nicht aus Stahl

Eine Erfahrung, die in allen Zeiten und Gesellschaften gemacht wurde und wird. Lebende in Todesnähe nehmen viel öfter als allgemein bekannt Tote wahr. Und zwar unabhängig von ihrem Glauben. Mein erster Mann, der Philosoph Hugo Ingrisch, gehörte dem »Wiener Kreis« an, stand also dem Positivismus nahe. An Geister glaubte er ganz bestimmt nicht. Aber dann besuchte ihn die tote Mama, das einstige Kinderfräulein, begegnete er in der Wohnung seinem vor mehr als einem halben Jahrhundert daselbst durch Freitod verschiedenen Neffen. Er war, als logischer Empirist, peinlich berührt.

Ich könnte Dutzende solcher Geschichten erzählen, und es vergeht kaum ein Tag, an dem Leser mir nicht ähnliche Erfahrungen berichten. Ein befreundeter Politiker und standfester Realist lag nach einem Attentat auf der Intensivstation. Auf einmal lösten die Ärzte und Krankenschwestern sich auf wie in einem Nebel, und an ihrer statt sah er lauter Tote. Aber nicht, wie man erwarten könnte, Verwandte und Freunde. »Es waren flüchtig Bekannte«, erzählte er verwundert. »Irgendwann verschwanden auch sie im Nebel, und die Schwestern und Ärzte waren wieder um mein Bett.« Also rechnen Sie nicht unbedingt mit der Tante Mizzi oder dem Ehegespons. Es kann auch sein, dass Sie zu einer anderen Jenseitsfamilie gehören. Lassen Sie sich überraschen!

Es gibt nicht den geringsten Zweifel an unserer doppelten, wenn nicht gar vielfachen Existenz. Ich selbst habe mich schon in verschiedenen Leibern bewegt, mit verschiedenen Geschwindigkeiten und in verschiedenen Landschaften. Da bin ich aber nicht die Einzige. Frequenzlandschaften, Quantenleiber. Die alte Esoterik kannte sie unter anderen Namen. Ich glaubte kein Wort, bis ich mich selbst unfreiwillig in ihnen herumtrieb. Eine Forschungsaufgabe für die Physik der Zukunft.

Der Tod ist ein Märchen. Nichts ist tot, nichts war tot, und nichts wird jemals tot sein. Es gibt nur das Leben, das seine Zustände wechselt. Auf den Wechsel der Zustände sollten wir, statt vor ihnen zu zittern, lieber neugierig sein. Ein einziger Zustand ist zu wenig. Wer will schon in alle Ewigkeit der-, die- oder dasselbe bleiben?

Fast alle, und das ist ein Problem. Die Erde hat uns zu einem Fest geladen. Einem verschwenderischen Fest, und wir dürfen es in vollen Zügen genießen. Ein Gast mit Anstand weiß, wann es Zeit ist, zu gehen. Wir wissen es nicht mehr und bleiben. Derselbe, dieselbe, irreparabel kaputt.

Genießen wir es? Nein, das tun wir nicht. Wir bleiben nur, weil wir Angst haben, zu gehen. Denn wir wissen nicht, wohin – und ob wir überhaupt irgendwohin gehen? Der Tod führt, so glauben wir, ins Nichts, und das Nichts flößt uns Grauen ein. Dabei ist dieses Nichts in Wahrheit das Pleroma, die Fülle. Sie können es sich als Möglichkeit aller Wirklichkeiten und Wirklichkeit aller Möglichkeiten vorstellen, und wenn Sie es nicht können, sollten Sie *Alice hinter den Spiegeln* von Lewis Carroll lesen. Er war nicht nur der Poet des Totenreichs, sondern auch der Prophet der Quantenphysik. Wenn Sie Lewis Carroll und auch ein wenig Quantenphysik lesen, erfahren Sie, was Sie nach diesem Leben erwartet.

DIE VERSCHWÖRUNG

Eines Nachts, als Monsieur Madame gerade schläft oder im Mondschein spaziert – er ist jedenfalls nicht da –, passiert es. Methusalem ist sein Leben lang viel zu vertrauensselig gewesen. Oh, viel zu vertrauensselig! Es musste ja einmal so kommen. Trotzdem ist es ein Schock.

Die Hausmeisterin! Flink wie ein Affe klettert sie an der Hausmauer hoch und durch das leider offene Fenster ins Zimmer, wo sie blitzschnell seine Bettdecke aufschlitzt. Gierig stopft sie seine schönen Daunen in einen schwarzen Sack und verschwindet mit ihnen. Wahrscheinlich wird Methusalem noch im Laufe der Nacht erfrieren. Bei dieser eisigen Aussicht fängt er wieder zu schreien an. Er schreit zuerst nach Monsieur Madame und dann überhaupt.

Der Sohn kommt ärgerlich ins Zimmer gestürzt. »Was ist jetzt schon wieder?« – »Ich bin beraubt worden«, beklagt sich Methusalem. »Siehst du? Kaum noch Daunen in meiner Tuchent.« – »Decke«, korrigiert der Sohn. »Es ist Sommer.« – »Unabhängig von der Jahreszeit«, sagt Methusalem streng, »musst du Anzeige erstatten. Es war die Hausmeisterin. Hättest du das geglaubt?« – »Nein«, sagt der Sohn, »und ich glaube es auch jetzt nicht. Versuch, wieder zu schlafen.«

Während Methusalem noch die Einstellung eines Body-
guards überlegt, kommt der Trafikant geschlichen und
stiehlt frech seine Medizin. Ein glatter Mordanschlag. Jetzt
huscht auch noch der Bäcker mit einem Messer herein. Eine
Verschwörung, so viel ist klar. Womöglich steckt die Familie dahinter, wer sonst? Sie trachten ihm nach dem Leben.
Das eigene Blut. Mit der Schwiegertochter ist er wenigstens
nicht verwandt. Aber der Sohn, der Enkel, die Frau ... Ist
er überhaupt verwandt mit seiner Frau?
Eine knifflige Frage. Während er sich den Kopf zerbricht,
sitzt auf einmal Monsieur Madame wieder an seinem Bett.
»Wo bist du gewesen?«, fragt Methusalem vorwurfsvoll.
»Wenn du mich noch einmal allein lässt, gehe ich fort.« In
der Aufregung vergisst er, dass er gar nicht mehr gehen
kann.
»Ich lasse dich nie allein«, sagt Monsieur Madame. »Ich
bin immer da.« – »Und wieso sehe ich dich nicht immer?«
– »In deinen Augen gehe ich an und aus wie das Licht.« –
Methusalem denkt angestrengt nach. »Das«, erklärt er
endlich, »verstehe ich nicht.« – »Ich weiß«, lächelt Monsieur Madame.

Jean Ziegler: »Der Verfall findet im Leben statt.« (*Die Lebenden und die Toten*, Darmstadt 1977)

ALLEIN IM THEATER

Die Welt ist ein Theater, in dem wir zugleich Komödianten und Publikum sind. In der Kindheit, Jugend und Reife haben wir einen vollen Spielplan. Tragödien und Komödien lösen einander ab. Wir vergnügen, sorgen und kränken uns. Das Leben ist kurzweilig.

Aber mit den Jahren wird es immer langweiliger. Ein Stück nach dem anderen verschwindet vom Spielplan, und bald sitzen wir allein im leeren Theater. Niemand spielt mit uns, weil wir selbst keine Rolle mehr spielen. Unsere Auftritte beschränken sich auf den genervten Familienkreis, die Arztpraxis und zuletzt das Altersheim und Spital.

Entzieht man uns den Schlaf, halluzinieren wir, denn die Psyche nährt sich vom Traum. Sind wir wach, nährt sie sich von Ereignissen und Kontakten. Fehlen sie, hungert die Psyche. Also bevölkert sie das einsame und eintönige Leben mit ihren Ängsten und Wünschen in Person.

Sie dramatisiert die Grabesstille, die sie nicht erträgt.

DER ZIMMERKRIEG

Was machen die Soldaten im Zimmer, ist Krieg? Methusalem ist, wie ihm mit Entsetzen einfällt, ein Mann. Wahrscheinlich liegt der Einberufungsbefehl schon im Briefkasten. Er liebt das Vaterland, aber muss er dafür sein Blut lassen? Aufgeregt zerrt er an seinem Leintuch. Die Feinde räumen gerade das Bücherregal aus. Wo wollen sie im Krieg die Zeit zum Lesen hernehmen? Soldaten, denkt er angewidert, plündern immer und alles. »Ich ergebe mich!«, ruft er und schwenkt das weiße Laken wie eine Fahne.

»Bist du verrückt geworden?« Methusalem blinzelt den Soldaten, der ihm diese ungewöhnliche Frage stellt, gekränkt an. Dabei stellt er fest, es ist gar kein Soldat. Natürlich, nur ein Zivilist kann so ahnungslos sein. Der Zivilist trägt noch dazu ein geblümtes Kleid, ist also allem Anschein nach eine Frau. Von einer Frau kann man nicht erwarten, dass sie in Dingen des Krieges Bescheid weiß. »Ich signalisiere, dass ich nicht kämpfen will«, erklärt er freundlich, »und ich rate Ihnen, dasselbe zu tun.«

Offenbar ist der Geblümten die Vorstellung, zu kapitulieren, unerträglich. Denn sie beginnt lauthals zu weinen. Methusalem weiß nicht, wie er sie beruhigen soll. »Aber Fräulein«, und er tätschelt ihren Rücken. »Nur Dummköpfe sind Helden. Winken Sie lieber, statt sich hineinzuschneuzen, mit Ihrem Taschentuch, bevor man Sie erschießt. Oder«, schließt er nachdenklich, »gar vergewaltigt.«

Eine dumme Person! Statt seinem guten Rat dankbar zu folgen, trommelt sie mit beiden Fäusten auf seiner Brust herum. »Goldene Hochzeit«, schluchzt sie. »Wir feiern heute … unsere … goldene …« Was meint sie damit? Armes Wesen, sie ist mit den Nerven völlig herunter. Schuld daran ist der Krieg.

»Lieber Gott«, betet Methusalems Frau. »Ich weiß, er kann nichts dafür. Aber ich auch nicht! Nimm ihn mir ab, lieber Gott. Von uns beiden hast entschieden du die besseren Nerven.«

Als wäre die Welt nicht schon schlimm genug – wie konnte Er auch noch das Alter erschaffen?

Jacob Böhme: »Gott ist ein holder Teufel …« (*Theosophia Revelata*, Stuttgart 1730)

Rituale des Abschieds

Seinem lebenden Leichnam Gesellschaft zu leisten, ist ebenso sinnlos wie traurig.

Warum glauben die meisten Leute, es wäre ihre Pflicht, zu leben? Eine Pflicht, die sie gnadenlos erfüllen.

Wir sollten über Rituale des Abschieds nachdenken. Lebwohl mein Liebster, meine Liebste, mein Haus, mein Garten, mein Tier. Ich gehe unter wie die Sonne und in einem anderen Land wieder auf. Wenn die Zeit reif ist – wie löse ich sanft die Welle vom Teilchen, meinen zweiten vom ersten Leib oder die Biologie vom Geist?

Es müsste Hebammen für die Geburt der Seele geben, wie Paracelsus den Tod nennt. Wir gehen nicht *in die*, sondern *aus der Erde*, wenn wir sterben. Es gibt keine Auferstehung nach dem Tod. Der Tod *ist* die Auferstehung. Die Auferstehung vom Leib, von der Materie. Newtons Physik beschreibt die Gesetze der diesseitigen und die Quantenphysik die Gesetze der jenseitigen Wirklichkeit. Wir existieren jetzt schon in beiden, sind Bürger zweier Welten, und nicht nur wir. Es gibt auch Quantenkatzen, Quantenrosen, Quantensteine. Alles, wirklich alles existiert gleichzeitig auf verschiedenen Frequenzen, erscheint in verschiedenen Dimensionen, vielleicht Universen – ein spannendes Forschungsprojekt.

Die Physik des Jenseits ist nicht rational, sondern magisch. Es gilt weder Logik noch Kausalität. Nichts ist mehr mit sich selbst identisch. Das Reale wird imaginär und das Imaginäre real. Wir geraten in die bizarre und paradoxe Welt jenseits unserer Sinne, die dem Verstand als Hölle und der Fantasie als Himmel erscheint.

Alle Kulturen kennen Rituale der Einweihung, Zeremonien des Rollenwechsels. Sterben ist eine Initiation in den jenseitigen Status. Wir müssen unsere alte Rolle aufgeben und eine neue erlernen. Sterben ist eine Prüfung, bei der man auch durchfallen kann. Also üben wir es schon im Leben, auf dem Totenbett ist es zu spät.

Brian Greene: »Zunächst einmal gibt es eine unendliche Zahl verschiedener Schwingungsmuster ... Die Natur verhält sich seltsam. Sie lebt gefährlich ... Jedes potentielle Ereignis ereignet sich in einem der Paralleluniversen tatsächlich.« (*Der Stoff, aus dem der Kosmos ist*, München 2004)

DER SÜNDENFALL
UND ANDERE FÄLLE

Bisher ist Methusalem ziemlich friedlich in seinem Bett gelegen. Nun aber beginnt er, aus ihm herauszufallen. Wie, schon seit einiger Zeit, aus der Welt.

Wenn er lang genug ruft, kommt jemand ins Zimmer, hebt ihn ungeduldig auf und geht wieder. Manchmal sagt er dabei Sachen, die Methusalem nicht versteht. Versteht er sie aber, versucht er sofort, sie zu vergessen. Immer gelingt es ihm nicht.

Oft kommt auch eine alte Frau. Statt ihn aufzuheben, hilft sie ihm rufen. Dabei jammert sie so, dass er sich verpflichtet fühlt, sie zu trösten. Doch sie scheint lieber weinen zu wollen, also lässt er sie.

Einmal, als beide vom vielen Rufen schon müde sind, fragt er: »Hab ich nicht früher eine Frau gehabt?« Die Fremde nickt, und dabei winselt sie wie ein Hund. Äußerst unangenehm, findet Methusalem. »Ist sie tot?«, fragt er. Die Antwort, die er bekommt, ist sonderbar. »Es ist eine Sünde, so alt zu werden.«

Methusalem glaubt zu verstehen, dass seine Frau gestorben ist. Ich muss mich, denkt er, um die Grabpflege kümmern. Er kann sich nur mehr undeutlich an sie erinnern. Ein Mädchen mit roten Backen und grünen Augen, das zum

Lachen nie einen Grund brauchte. Nur, wenn sie auf die Waage stieg, wurde sie ernst. Aber im Ehebett, mein Gott! Was hatten sie für Spaß miteinander gehabt.

Einen Augenblick lang bricht die Vergangenheit wie eine Sturzwelle über ihn herein. Methusalem greift der alten Frau, die neben ihm kauert, an die Brust. Sie wehrt sich nicht. Nur eine Träne fällt aus ihren Augen auf seine Hand, und rasch zieht er sie weg.

»Kann ich etwas dafür, dass ich so alt bin?«, denkt er, als er wieder allein ist. »Vielleicht hätte ich längst sterben sollen? Aber ich weiß nicht, wie man so etwas macht.« Als er noch auf Gesellschaften ging, haben die Gastgeber manchmal auf die Uhr geschaut und gegähnt. Dann hat er sich schön bedankt und die Tür gesucht. Er sucht sie jetzt auch, aber er findet sie nicht. Und alle schauen auf die Uhr, alle gähnen.

Die alte Frau kommt mit einer Schüssel Griesbrei, und auf einmal sieht er die Tür! Vor lauter Erleichterung lacht er. Jetzt weiß er, was er zu tun hat. Oder zu lassen. Wenn man keine Kohle nachlegt, geht jeder Ofen aus.

Erwin Schrödinger: »Wenn Sie vor dem entseelten Leichnam eines nahen Freundes stehen, den Sie schwer vermissen werden, ist es nicht tröstlich zu wissen, dass dieser Leib *nie wirklich* der Sitz seiner Persönlichkeit war, sondern nur symbolisch oder semantisch, nicht viel mehr als eine richtige Briefanschrift oder Telefonnummer?« (*Geist und Materie*, Zürich 1989)

Die Adresse

Der Physiker und Nobelpreisträger Erwin Schrödinger sagt es. Der Leib ist die Adresse, unter der wir einen ganz bestimmten Menschen erreichen. Oder ein Tier, möchte ich hinzufügen, einen Baum, eine Blume. Adressen und Telefonnummern sind wichtig, weil man die Gesuchten sonst womöglich nicht findet. Doch ist der Wechsel einer Adresse oder Telefonnummer keine Tragödie. *Der Tod ist keine Tragödie.*

Im Alter ist die Adresse oft verstümmelt, und die gewöhnliche Post kommt – wie bei Methusalem – nicht mehr an. Ungewöhnliche Post dafür schon, zum Beispiel Geister. Dass man gegen das Ende der Brücke zu Toten begegnet, ist ganz normal. Es kann sogar ziemlich reger Grenzverkehr herrschen. Fragt sich nur, ob sie bei uns spuken oder wir bei ihnen.

»Huh«, sagen die Toten vielleicht, wenn Lebende ihnen erscheinen, »ein Gespenst!« Man muss es von beiden Seiten betrachten. Dies und alles andere auch.

Dass Geister, die uns erscheinen, sich plötzlich in Luft auflösen, ist keine Unhöflichkeit ihrerseits. Sie fallen uns aus den Augen, buchstäblich, wenn wir ihre Frequenzen nicht länger wahrnehmen können. Materielle und immaterielle

Wesen schwingen verschieden. Passen sich die Schwingungen einander an, kommt es zu Kontakten. Nach meinen Erfahrungen erfolgt diese Anpassung immer flüchtig und ungewollt.
Monsieur Madame ist kein Toter. Auch kein Lebendiger.
Monsieur Madame erscheint, wo, wann und wie er will.

William Buhlman: »Wenn wir erst einmal über unser biologisches Vehikel hinausgehen, steht es uns frei, die grenzenlose Essenz unseres Bewusstseins zu erleben ... von körpergebundenen Geschöpfen zu unbegrenzten spirituellen Wesen ... das Erkennen und Erleben des nichtphysischen Ich und die Erkundung der nichtphysischen Dimensionen.« (*Out of Body*, München 2003)

DER FLOP

Herr Doktor! Mein Mann isst nichts mehr. Was sollen wir tun?« – »Wie lange schon?« – »Drei Tage. Er wird immer schwächer.« – »Vielleicht will er das«, sagt der Doktor. »Wir müssen seinen Willen respektieren.« – »Seinen Willen! Als ob Methusalem noch weiß, was er will. Sollen wir ihn verhungern lassen?«

»Herr Professor, mein Vater hat vor drei Tagen zu essen aufgehört. Wir sind ratlos.« – »Er muss künstlich ernährt werden«, sagt der Professor. »Ich nehme ihn zu mir in die Klinik.« – »Bitte kein Einzelzimmer! Mein Schwiegervater ist nicht auf Klasse versichert.«

Kaum ist er im Krankenhaus, fängt Methusalem an zu toben. Die Beruhigungstablette spuckt er der Krankenschwester ins Gesicht, und den Dienstarzt boxt er glatt nieder. Wer hätte gedacht, dass solche Kräfte noch in ihm stecken? Er landet – wir wollen lieber nicht wissen, wie – in einem Zimmer mit sieben anderen alten Herren, bekommt eine Spritze und mehrere Schläuche verpasst. Was weiter mit ihm geschieht, bemerkt er nicht mehr.

»Sie haben Glück«, sagt die Schwester, die am nächsten Morgen seine Toilette erledigt. »Ein Zimmer mit Aussicht!« Das würde sogar stimmen, zögen wir nicht ängstlich die Vorhänge zu. Als das Essen kommt, weist Methusalem es nicht zurück. Er ignoriert es und wird fortan mit einem Halskatheter ernährt.

Auf Fragen antwortet er nicht. Versteht er sie überhaupt? Vielleicht ja, vielleicht nein. Er hängt an seinen Schläuchen wie an mehreren Nabelschnuren zugleich. Wahrscheinlich muss man sie, um geboren zu werden, zerreißen. Er tut es. Sie binden ihm die Hände am Bett fest. Verzweifelt zerrt er an seinen Fesseln. Der Patient, sagen sie, wäre unruhig. Er bekommt noch eine Spritze.

Etwas tropft unablässig in seinen Körper hinein, und etwas tropft unablässig aus ihm heraus. Irgendwann kommen fremde Leute an sein Bett. Eine alte Frau tätschelt seine Hand. Da beißt er zu! Sie weichen vor ihm zurück. Die alte Frau starrt auf ihre Hand, auf der ein roter Tropfen zittert. »Mama, du blutest ja ...«, sagt der Herr mit der Glatze. Eine andere Frau mit bösen Augen stößt ihn in die Seite. »Komm! Es hat keinen Sinn mehr, ihn zu besuchen.«

Was machen wir falsch? Ich glaube, so ziemlich alles. Wir müssen den Tod ins Repertoire unseres Lebens aufnehmen und das Sterben rechtzeitig proben. Allein, zu zweit, als Familie. Dann wird die Premiere, statt eines Flops, ein Erfolg.

Albert Einstein: »Der Tod eines vom Alter Gebeugten ist eine Erlösung für ihn; ich kann es lebhaft fühlen, weil ich selber alt geworden bin und den Tod empfinde wie eine alte Schuld, die man endlich entrichtet. Dabei tut man doch instinktiv alles Mögliche, um diese letzte Erfüllung hinauszuschieben.« (*Worte in Zeit und Raum*, Freiburg 1991)

Ein Recht auf den Tod

Jeder hat ein Recht auf Leben. Mensch, Lindenbaum, Schwein. Aber jeder hat auch ein Recht auf den Tod. Ich weiß nicht, ob Schmetterlinge gern ins Altersheim gingen. Das Walross stirbt ohne Widerrede, und nicht einmal die Sterne machen, wenn sie verglühen, ein großes Geschrei. Lauter Vorbilder!

Persönliches Leben ist ein verderbliches Gut. Doch lässt Verderbliches sich konservieren. Der konservierte Mensch ist zwar nicht wirklich lebendig, aber auch nicht wirklich tot. Sondern ein Erfolg der Medizin. Sie ist stolz darauf, uns wenn schon nicht ewig, so doch bis zur totalen Auflösung am Sterben zu hindern.

Die Verteufelung des Todes widerspricht nicht nur der Liebe. Sie widerspricht auch der Intelligenz.

Was fehlt, ist die Aufklärung. Ich bin nicht mein Körper, Sie sind nicht Ihr Körper, niemand ist niemandes Körper. Es gibt uns auch ohne ihn, fehlerfrei und komplett, und dafür gibt es Beweise. Nur die falsche Identifikation mit dem Körper führt zu Todesangst und Sterbeverweigerung. Jeder Versuch, den natürlichen Tod zu verweigern, deformiert den Sterbenden, und wir kommen womöglich als Wrack in der nächsten Wirklichkeit an.

»Was nach unserem Tod geboren wird«, sagt Paracelsus, »das ist die Seele.« Heißt das, wir haben noch keine? Wenn wir uns auf der Welt umschauen, kommt uns das ziemlich wahrscheinlich vor. Der Tod ist kein Mörder, im Gegenteil. Der Tod ist ein Zeugender.

Jean Ziegler: »Es gibt Nicht-Eingriffe, die mörderisch sind, und zwar jene, die den Patienten der reellen Chancen auf ein wirkliches menschliches Leben berauben ... Es gibt Nicht-Eingriffe, die sich wie eine Pflicht stellen, und zwar jene, bei denen der Kranke im Falle des Überlebens nur ein menschliches Wrack wäre ...« (*Die Lebenden und der Tod*, Darmstadt 1977)

Alte mögen keine Alten

Auf gar keinen Fall!«, erklärt die Schwiegertochter. »Wir nehmen ihn nicht mehr.« – »Es ist sein Haus«, wirft die Ehefrau schüchtern ein. »Es ist noch immer sein Haus.« Niemand beachtet sie. »Wir sind beide berufstätig«, sagt der Sohn. »Was kostet der Platz in einem Altersheim, und zahlt die Versicherung mit?« Der Enkel hat auf einmal ein Würgen im Hals. »Vielleicht«, murmelt er, »möchte Großvater gar nicht mehr leben? Ich meine, unter diesen Umständen ... Kann man ihm nicht helfen, zu sterben?«
»Man kann schon«, erklärt der Herr Primarius freundlich. »Es ist jedenfalls barmherziger. Wir müssen nur die künstliche Ernährung einstellen.« – »Jaaa?« Erleichtert, erwartungsvoll schauen sie ihn an. »Das muss die Ehefrau entscheiden.« – »Ich?« Methusalems Frau zittert am ganzen Leib. »Ich entscheide gar nichts. Da käme ich mir ja wie eine Mörderin vor!«
Als ein Platz im Altersheim frei wird, verlässt Methusalem das Spital. Seine Frau ist gekommen und steht den Schwestern überall im Weg. »Gehen wir jetzt nach Haus?«, fragt Methusalem. Sie gibt keine Antwort. Lieber Gott, denkt sie. Mach, dass er es nicht merkt! Aber er würde es merken, natürlich würde er das. »Ich besuche dich«,

sagt sie schnell. »Ich besuche dich alle Tage.« Nun ja, vielleicht nicht alle.

Sie hätte lieber ein Taxi genommen. Mit einem Krankenwagen ins Altersheim zu fahren, ist der Gipfel der Trostlosigkeit. Methusalems nächstes Gefährt wird der Leichenwagen sein. Sie versucht, nicht daran zu denken. »Mach bitte keine Schwierigkeiten«, schreit sie ihm, denn er hört zunehmend schlechter, ins Ohr. »Pflegefälle haben sie sowieso nicht gern.«

Ist er ein Pflegefall? Pflege ... Das Wort ruft Erinnerungen an die erste Zeit seines Lebens wach. An etwas Warmes, Weiches, Süßes.

Vor einem großen grauen Haus hebt man ihn aus dem Wagen. Zwei nette Mädchen in Schwesterntracht nehmen ihn in Empfang. Als die alte Frau mit dem Truthahnhals ihnen folgen will, wird er bös. »Geh fort«, zischt er und stößt sie in die Rippen. »Ich hab lieber junge Leute um mich!«

Sie will lachen, doch gelingt es ihr nicht. »Wenigstens«, denkt sie, »werde ich nicht um ihn weinen.«

SABINETTCHEN

Miau! macht die Katze und springt Methusalem auf die Brust. Das hat sie schon seit mindestens siebzig Jahren nicht mehr getan. »Wo warst du so lang«, fragt er und streichelt ihr mausgraues Seidenfell. »Hinter dem Spiegel«, sagt Sabinettchen.

Dass sie redet, findet er nicht weiter merkwürdig. Erstaunt ist er nur, dass er sie versteht. Eine erfreuliche Entwicklung, die interessante Gespräche verheißt. »Hinter welchem Spiegel?«, fragt er. Sie gibt keine direkte Antwort. »Wenn du willst«, sagt sie, »führ ich dich hin.«

Er weiß nicht genau, ob er das will. In den letzten Jahren hat er nämlich schon *vor* Spiegeln ein gewisses Unbehagen empfunden. Um Zeit zu gewinnen, erinnert er sich seiner guten Manieren. »Monsieur Madame« – stellt er vor –, »meine Katze Sabinettchen!« Monsieur Madame sitzt auf der Vorhangstange. »Du kannst herunterkommen«, sagt Methusalem. »Sie frisst keine Vögel.«

Hat er etwas Unpassendes gesagt, warum lachen sie? »Schaue ich«, fragt er hoffnungsvoll, »hinter dem Spiegel anders aus als davor?« – »Selbstverständlich«, versichert Monsieur Madame. »Hinter dem Spiegel schaust du so aus, wie du in Wirklichkeit bist.« – »Jung und schön«, sagt Sabinettchen.

Methusalem versteht zwar nicht, wie so etwas möglich sein soll, aber die Idee gefällt ihm. »Können wir gleich gehen?«, fragt er. »Warte, ich will noch mit den anderen spielen.« Schon schreckt Sabinettchen die grämlichen Greise aus ihrer Trübsal, und bald kichern sie wie junge Mädchen. »Bleib bei uns, Mieze!«, rufen sie durcheinander. »Das ist wie zwölf Weihnachten ...« – »Miau«, macht Sabinettchen, tobt durch das Altersheim und putzt allen die Traurigkeit aus den Gesichtern.

Dafür, dass es kleine Katzen gibt, muss man dem lieben Gott eigentlich alles verzeihen.

Erwin Schrödinger: »Wir sind so sehr gewohnt, die Persönlichkeit eines Menschen ... in das Innere seines Leibes hineinzudenken, dass es uns erstaunt, zu erfahren, und wir es nur zweifelnd und zögernd glauben, dass sie sich dort in Wirklichkeit nicht vorfindet.« (*Geist und Materie*, Zürich 1989)

DER IRRTUM MIT DEM ICH

Wir erkennen die Welt so wenig wie uns selbst, was vielleicht ein Glück ist. So bleibt jedes Bild, das wir uns von ihr machen, Fiktion. Auch das Bild vor dem Spiegel. Wen meinen wir eigentlich, wenn wir *Ich* sagen? Das Gerippe? Ein paar Liter Blut? Leber, Niere, Darm? Oder doch eher die grauen Zellen im Kopf, die so viel Leid über die Welt bringen?

Zwar brechen wir uns selten alle Knochen, aber den einen oder anderen schon. Brechen wir unser *Ich* und tragen es dann in Gips? Unser Leben lang verlieren wir Blut. Frauenblut, Wundenblut, Kriegsblut. Verlieren wir uns fortwährend selbst? Und wenn wir zu viel *Ich* verloren haben, kriegen wir eine *Ich*-Transfusion. Kann man *Ich* spenden und in Konserven aufbewahren?

Leber, Niere, Darm. Nehmen sich ein bisschen unappetitlich aus, aber persönlicher irgendwie. Besonders das Herz, obwohl dieser Muskel auch nicht delikater und sein Schlag etwas eintönig ist. Vielleicht die Haare? Aber lassen wir uns selbst alle sechs Wochen schneiden?

Die grauen Zellen! Ja, das ist es. *Ich* bin mein Gehirn. Ich denke, also bin ich. Denke ich? Die meisten meiner Gedanken stammen aus anderen Köpfen, in denen sie auch nicht geboren wurden. Das Gehirn ist ein öffentlicher Marktplatz, auf dem alles sich tummelt und schamlos paart. Adel und Pöbel, Spießer, Meuterer und Gesindel. Bin ich ein Marktplatz?

Ich bin, sagt die Wissenschaft, Wasser und unreiner Kohlenstoff. Eine Varianz von sechs Aminosäuren. Eine große, frei bewegliche Zellkolonie, die Visitenkarten verteilt, Lohnforderungen stellt, Gedichte und Steuererklärungen schreibt. Sie geht in die Schule, in die Kirche, ins Büro. Heiratet, vermehrt sich und stirbt. Aber das will sie nicht! Sterben. Zellkolonien, soweit menschlich, wollen unter allen Umständen leben.

Soweit menschlich? Fragen wir, wodurch sie sich von den nicht menschlichen unterscheiden, bekommen wir keine passende Antwort. Sie unterscheiden sich so gut wie nicht. Ob Lorbeerbaum oder Kaninchen, Klapperschlange, Karpfen oder Elefant – alles *eine* Familie. Bakterien und Blattläuse gehören ebenso zur Verwandtschaft wie Jack the Ripper, die Königin von England und der Papst.

Damit nicht genug, sterben unsere Zellen in einem fort. Milliardenweise. Es sind also immer wieder andere, deren Gesamtheit wir für uns selbst halten. Praktisch nie küssen wir denselben Mund, schauen in die gleichen Augen, und im Lauf unseres Lebens reden wir mit – ich weiß nicht, wie vielen? – Zungen. Stehen wir vor dem Spiegel, könnten wir glatt *Sie* zu uns selbst sagen. Ein Fremder blickt uns an.

Sagen wir irrtümlich *Ich* zu unserem Körper? Ja, irrtümlich. Wenn der Irrtum alt und krank geworden ist, fordern wir Langzeitpflege für ihn ein, die rund 80 Prozent des Gesundheitsbudgets verschlingt und jeden Staat in den Bankrott treiben wird.

Es gibt eine Alternative zur Langzeitpflege. Eine Alternative zur Aufrechterhaltung eines Irrtums. *Sterben.*

Albert Einstein: »Ich möchte gehen, wann ich möchte. Es ist geschmacklos, das Leben künstlich zu verlängern. Ich habe meinen Anteil getan, es ist Zeit zu gehen. Ich möchte dies elegant tun.« (*Einstein sagt*, München 1999; zitiert von Helen Dukas in ihrem Brief an A. Pais)

DIE MUSIK DES TODES

Wie fast alles im Leben, geht auch das Sterben leichter mit Musik. Darum habe ich den Musikpädagogen Dr. mult. Wolfgang Mastnak – Universitätsprofessor in München und Shanghai, in Amerika soeben zu den tausend wichtigsten Leuten der Welt gewählt – nach Musik gefragt, die Leib und Seele freundlicher voneinander löst. Ich zitiere:

»Es gibt keine eindeutige Rezeptologie. Man muss sich völlig auf die sterbende Person einstimmen, sie bereit machen, in den anderen Zustand des Lebens hinüberzugehen. Warum sind denn die Sterbezeremonien in manchen Kulturen den Geburts- und Heiratszeremonien so verwandt? Menschen, die in unserer Musik enkulturiert sind, reagieren auf manche Musiken ähnlich, mit leichter Trance-Neigung und innerem Gelöstsein. Ich denke, mit durchaus spirituellem Bezug, an die Alt-Arie mit Violinsolo aus Bachs Matthäuspassion. An Barock, eher Adagio, leicht schwingender Rhythmus, ohne romantische Färbung.

Auch an Musik, die den Tod anspricht und positiv akzentuiert wie Schuberts Streichquartett und sein Lied ›Der Tod und das Mädchen‹. Sofern die Person nicht den tieferen Zusammenhang von Schuberts Müllerin kennt, eine pure

Selbstmordgeschichte, ist auch des Baches Wiegenlied ›Gute Ruhe‹ zu überlegen, auch hier der schwingende, einwiegende Rhythmus. Was ich natürlich ganz irre schätze, ist Gottfried von Einems ›Bald sing ich das Schweigen‹, sowohl von Text und Musik als auch aus der Sicht der Psychologie einfach perfekt.

Dann ist natürlich die Frage, wie Leute generell zum Tod stehen. Im Bereich christlicher Orientierung denke ich an Gregorianische Gesänge, die den Tod zum Inhalt haben. Besonderes Lieblingsstück ist die Antiphon Media Vita. Dieser ›Mitten im Leben sind wir vom Tod umfangen‹ wurde im Mittelalter eine heilende Wirkung zugeschrieben. Dann ist an Bruckners Messen zu denken, besonders die Credo-Teile mit dem ›Et incarnatus est‹, wo eigentlich immer die Auferstehung mitzuhören ist.

Natürlich muss man in Betracht ziehen, dass verschiedene Kulturen verschiedenartig mit Tonsystemen umgehen. Die traditionelle Musik unseres Kulturkreises bis zur Popularmusik ist dualistisch: Dur – Moll. Es gibt einige Kulturen, bei denen das ähnlich ist. Andere, die so etwas wie ein Tonsystem haben, sind im Wesentlichen pluralistisch. Das heißt, es gibt eine Unzahl von Tonleitern, die komplexer und differenzierter als unsere sind. Besonders hervorzuheben ist das indische – auch in Nepal, Bangladesh, Pakistan et cetera beheimatete – Raga-System. Typisch für Raga, sie ist nicht neutral. Es gibt Ragas für den Morgen, den Abend, die Liebe, die innere Ruhe und so weiter. Ähnlich ist das Maka-System in seiner türkischen – also

Anatolien über Usbekistan bis Kirgisien – und seiner arabischen Ausprägung. Das heißt, hier können wir genau den richtigen Schlüssel finden, spezifische ›Tonarten‹ für den jeweiligen Fall.

Man muss auch an die Sterbemusiken anderer Kulturen denken. Ich war eingeladen, die Mönchsgesänge auf ihre therapeutische Dimension hin zu untersuchen. Keine Therapie in unserem Sinn, aber in einem spirituellen, können sie zu Seinszuständen einer tiefen Lebensweisheit führen.

Wir dürfen nicht vergessen, dass hier das landläufige Denken dualistisch in Dies- und Jenseits trennt, was z. B. im ostasiatischen Raum unvorstellbar ist. Dort gibt es eine einzige Wirklichkeit mit verschiedenen Darstellungen des Seins. Auf die Musik bezogen: eine Harmonie, die alles durchdringt. Das All, den Menschen, das Diesseits, das Jenseits. Harmonie ist Sein.

Vielfach ist Musik aber auch assoziativ besetzt, womit man in der Musikpsychologie Positives wie Negatives anrichten kann. Hat jemand bei einer bestimmten Musik eindeutige, in seiner Kondition verankerte Erfahrungen, löst sie beim Wiederhören deren Begleiterscheinungen aus.

Musik kann die Bereitschaft fördern, loszulassen, in einen anderen Zustand zu gehen. Im Kreis von Tod und Musik sind noch viele Schätze verborgen.«

TEILE EINES UNBEKANNTEN GANZEN

Seit der Mensch denken kann, denkt er über den Sinn des Lebens nach. Über den Sinn des Todes hat er im Allgemeinen noch nie nachgedacht. Der Sinn des Todes, so scheint es, ist das Leben, und umgekehrt ist der Sinn des Lebens der Tod. Beide gehören zusammen wie Henne und Ei, weil es das eine nur durch das andere gibt und das andere nur durch das eine. Wir leben, um zu sterben, und sterben, um zu leben.

Warum wollen wir unser Leben unter allen Umständen retten? Es geht sowieso nie verloren. Aber weil es sich fortwährend verändert, erkennen wir es nicht wieder. Das Leben, das wir nicht wiedererkennen, nennen wir Tod.

Lebendig und tot sind wir aber etwas anderes, als wir glauben. Tot wie lebendig sind wir Atome, Moleküle, Zellen – Teile eines größeren Ganzen, dessen Identität wir nicht kennen. In seltenen Augenblicken ahnen wir sie vielleicht und sprechen von Göttern und Gott – Partikel einer Wesenheit, von der wir so gut wie nichts wissen.

Das erklärt alle medialen Fähigkeiten, die zu unserer biologischen Ausstattung gehören und die, weil sie Angst haben, nur wenige zulassen. Zwischen den Teilen des Ganzen gibt es einen Austausch von Information. Und zwar unabhängig davon, ob die Teile gerade dies- oder jenseitig erscheinen und wie weit entfernt sie in Raum und Zeit voneinander sind. Auch hier gibt es Parallelen zur Quantenphysik.

Jesus könnte es *gewusst* haben. »Nicht mein, sondern *dein* Wille geschehe.« Meister Eckhart mit seinem Fünklein, Laotse, Buddha, die Sufis. Gnostische Erkenntnis statt religiöser Bekenntnisse, und das lächerliche Konzern- und Konsumzeitalter wäre Geschichte. Kann Jesus die Wechsler noch einmal aus dem Tempel vertreiben?

Ich hole jetzt das kleine Sabinettchen ins Buch. Eigentlich war es nicht Methusalems, sondern meine Katze. Eine unserer vielen geliebten Katzen, und hören Sie ihr bitte zu?

Erwin Schrödinger: »So soll also nach diesem Leben nichts mehr sein? Nein! ... Der Geist (kann) nicht durch die Zeit vernichtet werden.« (*Geist und Materie*, Zürich 1989)

DIE BOTSCHAFT DER TIERE

Ich komme im Auftrag aller Haus- und auch einiger wilder Tiere zu Ihnen, weil die Menschen immer älter und einsamer werden. Sie sitzen allein in ihren Wohnungen und warten, ohne sich auf ihn zu freuen, auf den Tod. Die Wartezeit verkürzen sie sich durch Besuche beim Arzt. Ärzte sind amtlich zum Zuhören verpflichtet. Auch bringen sie durch das Ausstellen von Rezepten eine gewisse Abwechslung in das ansonsten eintönige Leben.

Sobald alte Leute nicht mehr imstande sind, allein in ihren Wohnungen zu sitzen, kommen sie in Heime, wo sie manchmal auch liegen. Weder das eine noch das andere ist ein Genuss. Ganz im Gegenteil, und so werden sie, sitzend und liegend, immer trauriger.

Wir, die Tiere, möchten sie fröhlich machen! Wenn man uns nur erlaubt, sie zu besuchen, schaffen wir es auch. Denn wir sind viel komischer als die meisten Ärzte. Wir sind auch besser als fast jede Medizin, die sie verschreiben, und billiger noch dazu. Im Nu senken wir jeden Blutdruck oder Cholesterinspiegel, und das Putzen verstaubter Gemüter ist unsere Spezialität.

Alte Leute lachen nicht genug, und meistens lachen sie gar nicht. Es ist aber sehr ungesund, nicht zu lachen.

In unserer Gesellschaft kann ihnen das nicht passieren. Denn wir sind lustig und treiben gern Spaß. Wir würden den an Alter und Krankheiten Leidenden so viel Freude machen, wie gerade noch Platz in ihren Herzen hat. Sollte es mehr Freude werden, was oft passiert, kann man ja Vorräte anlegen. Freude wird nicht schlecht, und sogar nach Jahren kann man sie noch genießen.

Wir Tiere können Medizin sein, obwohl die Pharmaindustrie nichts an uns verdient. Und schädliche Nebenwirkungen haben wir auch keine. Nur aus Liebe zu den Menschen bin ich diesmal eine Katze geworden. Für das nächste Mal schwanke ich noch zwischen Sternschnuppe und Telefon. Als Telefon kann einem nie langweilig werden, außer, wenn man nicht läutet. Und man erfährt die aufregendsten Geheimnisse. Sie glauben vielleicht, ein Telefon hat keine Seele? Aber da irren Sie sich. Es gibt nämlich nur Seelen. Sie können als Schildkröte erscheinen, als Luftballon oder Linkswalzer. Als Rechtswalzer natürlich auch. Der Fantasie einer Seele sind keine Grenzen gesetzt!

Also dürfen wir kommen? Werden Sie uns auf Rezepten verschreiben? Ich meine, bevor wir ein Backrohr werden, ein Engel oder ein Computerprogramm.

Der Tod ist pure Zauberei!«

»Mein Bruder Willi konnte, bevor er starb, Frösche aus dem Decolleté einer Dame zaubern«, sagt Methusalem. »Es war wirklich sehr eindrucksvoll.«

»Miau!«, macht Sabinettchen, aber das hört Methusalem nicht mehr.

Der Garten

Wieso, fragt er sich verwirrt, geht die Welt auf einmal aus wie das Licht? Wahrscheinlich eine Stromstörung, das kommt vor, und hoffentlich wird sie bald repariert. Allein in der Finsternis, bekommt er allmählich Angst. Er ruft die Schwestern, den Doktor, seine Frau, seinen Sohn, seinen Enkel, ja sogar die Schwiegertochter ruft er in seiner Not. Und natürlich, zum Glück fällt er ihm wieder ein, Monsieur Madame. Irgendwann ist die Welt wieder da, aber nicht ganz dieselbe. Denn statt auf der Bettenstation des Altersheims findet Methusalem sich in einem Garten wieder.

Es ist ein fremder Garten, der Methusalem auch wiederum bekannt vorkommt. Die Blumen leuchten, wie Blumen nie zuvor geleuchtet haben, und sein Podagra tut nicht mehr weh. Das ist angenehm, und wieso kann er wieder gehen? Er möchte gern wissen, was eigentlich mit ihm passiert ist, obwohl er es andererseits lieber nicht wissen möchte.

Mitten im Garten sitzt Monsieur Madame auf einem Regenbogen und funkelt selbst in allen Farben, kann ein Rabe so schön sein? Aus lauter Ehrfurcht versucht Methusalem, ihm die Krallen zu küssen. »Ich hab nicht gewusst, dass du etwas Besonderes bist«, stammelt er, »und natürlich werde ich jetzt Sie zu dir sagen.«

»Ich bin nichts Besonderes«, lacht Monsieur Madame, »weil es nichts Besonderes gibt.« – »Da hab ich«, widerspricht Methusalem, »im Religionsunterricht etwas anderes gelernt.« – »Vergiss, was du gelernt hast«, sagt Monsieur Madame. »Geh lieber im Garten spazieren. Es ist ein lebendiger Garten. Du kannst, wenn du willst, mit ihm reden.«

Methusalem hat noch nie mit einem Garten geredet, das müsste eine anregende Konversation sein. Schade, dass er kein passender Gesprächspartner mehr ist. »Ich bin sehr alt geworden«, sagt er niedergeschlagen, »und sehr hässlich. Ich möchte diesem Garten lieber nicht unter die Augen treten. Ich passe da nicht hinein.«

»Da ich zufällig keinen Spiegel bei mir habe«, sagt Monsieur Madame, »und du auch nicht, wird es das Beste sein, du schaust mir in die Augen.«

Methusalem tut es. Der Glanz blendet ihn. Er kann, was er sieht, auf keinen Fall glauben. »Nein«, sagt er. »Das bin unmöglich *ich*.« Monsieur Madame macht sich über ihn lustig, was Methusalem traurig findet. »Ich kann ja gehen«, sagt er verschnupft.

»Wohin?«, fragt Monsieur Madame. »Nach Hause«, erklärt Methusalem, obwohl er nicht genau weiß, wo das ist. »Da bist du schon«, sagt Monsieur Madame.

»Bin das wirklich ich?«, fragt Methusalem zweifelnd. »Weil ich früher nämlich ganz anders aussah.« – »Da warst du

auch verzaubert«, lächelt Monsieur Madame. »Jetzt bist du wieder du selbst.«
»Ich hab nicht gewusst«, sagt Methusalem, »dass Sterben so schön macht.«

»Mein Bewusstsein kennt weder Geburt noch Tod. Es ist das unveränderliche Licht.« (*Das Tibetanische Totenbuch*, Zürich MCMXLVIII)

DAS AUFTAUCHEN UND
VERSCHWINDEN DES LICHTES

Der Engel des Alters hat Methusalem über die Brücke in den Garten geleitet. Bleibt er im Garten? Nein, das tut er nicht. Der Garten ist nur ein ferner Schein jenes *Klaren Lichtes*, von dem die Tibetischen Totenbücher berichten. Wir erkennen es im Augenblick des Todes – und es entgleitet uns wieder, noch können wir es nicht halten.

Es gibt Menschen, die das Klare Licht schon lebendigen Leibes erfuhren. Einer von ihnen war mein Mann Gottfried von Einem. Am 27. August 1989, also sieben Jahre vor seinem Tod, hörte ich ihn kurz nach 5 Uhr früh in seinem Zimmer sprechen: »«Fast«, stöhnte er. »Fast wäre der Mensch geboren worden. Aber ich war zu schwach.«

Der Mensch? Meinte Gottfried die Seele, von der Paracelsus sagt, sie würde nach unserem Tod geboren? Ja, genau das meinte er. Er selbst wäre geboren worden. Aber dann gäbe es ihn nicht mehr. »Es war zwischen Schlaf und Wachsein und eigentlich jenseits von beiden. Diese Helligkeit! Sie öffnete sich. Ich hätte mich in ihr auflösen können. Aber eben nur fast.«

Ich fragte, ob diese Helligkeit wäre, was die Menschen Gott nennen? »Nein«, sagte er. »Unpersönlich. Dieses

Licht, diese Helligkeit – unsere Sprache hat keine Worte dafür. Du atmest, und der Atem hat keine Grenzen mehr.«

Wir schliefen dann wieder. Beim Frühstück fragte ich ihn, wie dieses Licht sich vom blauen und weißen, die er vor Jahren erlebt hatte, unterschied? »Viel höher«, sagte Gottfried. »Dieses war viel höher. Ach was, es gibt keine Sprache dafür.« – »Damals, beim weißen Licht«, erinnerte ich ihn, »hast du Musik gehört.« – »Ja«, sagte er. »Eine wunderbare Musik.« Dann, plötzlich: »Aber dort, wo ich letzte Nacht war, gibt es keine Musik mehr. Gibt es nichts mehr. Das war viel höher.«

Derartige Ereignisse habe ich immer sofort und genau notiert. Heute, achtzehn Jahre später, bin ich sicher, dass mein Mann damals fast den zweiten Tod gestorben wäre. Nicht den ersten, der nur unsere biologische, sondern den zweiten, der unsere historische Identität beendet. Ich vermute, dass wir erst im zweiten Tod Jenseitige werden. Zwischen dem ersten und zweiten Tod treiben wir uns in jenen Zwischenreichen herum, welche die Tibeter Bardo nennen und wir Hölle, Fegefeuer, Himmel. Das sind seltsame Zustände des Träumens, in denen wir noch in unseren alten Vorstellungen eines *persönlichen Ich* gefangen sind.

Methusalems Garten liegt zwischen Traum und Erwachen. Aber noch gehen wir nicht über die Grenze. Wir schlafen wieder ein und irren durch das Labyrinth unseres vergangenen Lebens.

Arthur Schopenhauer: »Nun aber ist der Tod die große Gelegenheit, nicht mehr Ich zu seyn: wohl Dem, der sie benutzt.« (*Die Welt als Wille und Vorstellung*, Zürich 1977)

POST MORTEM

Warum grüßen die Leute nicht? Keine Manieren. Methusalem ist auf dem Heimweg von dieser komischen Anstalt. Die medizinische Betreuung war allerdings gut. Er fühlt sich so wohl wie schon lange nicht. Geradezu ätherisch. Es kränkt ihn nur, dass niemand von der Familie ihn abgeholt hat. Oder hat man sie gar nicht verständigt? Er kann nicht einmal ein Taxi nehmen, weil er kein Geld bei sich hat.

Geht er halt, er kennt ja die Gegend. Sein Schritt ist, wie er erfreut feststellt, geradezu jugendlich. Sehr krank kann er nicht gewesen sein, die Ärzte übertreiben ja immer. Die Zuckerlfrau mit dem erfreulichen Decolleté kommt ihm entgegen. Obwohl er Süßigkeiten nicht ausstehen kann, hat er früher reichlich Schokolade bei ihr gekauft. Pech, dass seine Frau nicht die Spur Busen hat. Er grüßt überschwänglich, aber sie schaut glatt durch ihn durch. Stimmt etwas nicht mit ihm? Vielleicht ein Toilettefehler? Betreten schaut er an sich herunter. Im Nachthemd! Er geht im weißen Nachthemd auf der Straße.

Peinlich berührt versteckt er sich im nächsten Haustor. Offenbar hat man in der Anstalt vergessen, ihm sein Gewand auszufolgen. Kein Wunder, dass jeder wegschaut, sobald er ihn sieht. Und wie kommt er jetzt nach Hause? Das wird ein Spießrutenlauf. Mit eiserner Miene tritt er ihn an. Dabei begegnet er einem Mann mit zwei Hunden, einem Rottweiler und einem Boxer.

Der Mann ignoriert ihn taktvoll, aber die Hunde knurren ihn an. Jetzt fletschen sie auch noch die Zähne, haben sie womöglich die Tollwut? »Was für schöne Tiere«, lobt er sie ängstlich. Ihr Besitzer würdigt Methusalem keines Blicks. Die Bestien schnappen nach ihm. »Laut Gesetz müssten sie Beißkörbe tragen«, mahnt er zaghaft und weicht zurück. Die Bestien springen ihn an. Vielleicht besser, man geht.

Oder rennt, und die Hunde ihm nach. Zum Glück gibt es eine Laterne. Obwohl Methusalem zuletzt nicht mehr allein aus dem Bett kam, klettert er jetzt blitzschnell hinauf. Gerettet! Die Hunde heulen.

Methusalem hat ein Problem

Als die Hunde weg sind, rutscht er von der Laterne herunter. Erleichtert lächelt er allen Passanten zu. Keiner lächelt zurück. Was haben die Leute gegen ihn? Ach so, das Nachthemd. Obwohl den Hunden seine Garderobe gleichgültig sein dürfte. Trotzdem war er sogar ihnen zuwider, warum? Riecht er womöglich nicht gut? Jetzt ist er verunsichert.

Am Ende ist er durch Krankheit entstellt? Er tastet sein Gesicht ab. Zwei Augen, Nase, Mund, alles noch da. Auch weiter unten scheint nichts zu fehlen. Ein Betrunkener torkelt direkt in ihn hinein. Eine alte Dame mit Mops geht vorbei. Der Mops kläfft ihn an. »Komm, Mausi«, sagt sie, »da ist nichts.« Der Gipfel ist, ein Liebespaar bleibt mitten in ihm stehen und küsst sich. Methusalem flucht.

Jetzt gerät er auch noch in eine Friedensdemonstration, die rücksichtslos über ihn hinwegtrampelt. Ein Wunder, dass er noch lebt. Die Straße ist wirklich voller Gefahren. Er beeilt sich, nach Hause zu kommen. »Lusinchen«, ruft er schon in der Tür. »Ich bin wieder da!« Er hört sie im Schlafzimmer weinen, und gleich hat er ein schlechtes Gewissen. »Neugierig bin ich«, denkt er, »was ich diesmal angestellt habe?« Komisch, er kann sich nicht erinnern, an nichts. Was hat er nur heute gemacht? Irgendetwas muss er schließlich gemacht haben.

»Statt zu flennen«, sagt er alarmiert, »solltest du dich lieber um mich kümmern. Ich bin, glaube ich, krank!« Steht sie doch einfach auf und geht fort. »Ich könnte sterben«, ruft er ihr gekränkt nach. »Ich könnte glatt sterben!« Sie verschwindet im Bad.

Das wird ihr noch leid tun, denkt er und beschließt, ins nächste Wirtshaus zu gehen. Leider hat es geschlossen, das übernächste und alle anderen auch. Ist es schon so spät? Er sieht weder Sonne noch Mond. Weil er in den Himmel schaut, sieht er auch nicht das Taxi, das, ohne zu hupen, ohne zu bremsen, glatt durch ihn durch fährt. Methusalem fällt in Ohnmacht.

Im Sexshop

Als er wieder zu sich kommt, untersucht er seine Verletzungen. Er hat keine. Das erschreckt ihn noch mehr. Er überlegt fieberhaft …

Bestimmt haben sie wieder irgendwo Atomversuche gemacht. Da gab es doch das Philadelphia-Experiment, und danach war eine ganze Schiffsbesatzung verschwunden. Unsichtbar, infrarot. Ist er das jetzt auch? O Gott, sie haben seine Frequenzen verändert. Nur Hunde können ihn noch sehen und hören. Panik erfasst ihn. Diesmal schreit er nicht, weil es keinen Sinn hat. Ultraschall. Er wird sich an die Gesellschaft von Schlangen und Fledermäusen gewöhnen müssen, jetzt hat er keine andere mehr.

Weit und breit nicht eine Seele. Alle Läden sind zu. Bis auf den Sexshop. Unter normalen Umständen würde er ihn niemals betreten, noch dazu mit Kabinen! Aber er muss Klarheit über seine Situation haben, sofort. »Ich bin ultraviolett«, erklärt er der griesgrämigen Frau, die gerade Gummiwäsche sortiert. »Rufen Sie die Rettung oder Polizei, am besten gleich beide.« Sie sieht ihn nicht, sie hört ihn nicht, kann sie ihn fühlen?

Er versucht, sie mit diversem Sexspielzeug, dessen Zweck ihm nicht ganz verständlich ist, zu bewerfen. Doch wie er sich auch bemüht, er bekommt nichts zu fassen. Die Griesgrämige gähnt mit offenem Mund, und Met verlässt angewidert den Laden.

Dass er verstrahlt worden ist, steht so gut wie fest. Die Regierung hätte Gesetze für diesen Fall ausarbeiten müssen. Eine Schande, dass sie es unterließ. Er würde sie jedenfalls nicht mehr wählen.

Weil er nicht weiß, wohin er sonst gehen sollte, geht er wieder nach Hause.

Ein neues Milieu

Bereiten Sie sich jetzt schon darauf vor, damit Sie dann nicht in peinliche Situationen geraten.

Im Tod wechseln Sie tatsächlich Ihre Frequenz. Das heißt, Sie werden unsichtbar, unhörbar, und man kann Sie weder riechen, noch schmecken, noch fühlen. Das dürfte einen ganz schön deprimieren. Auch verliert man, ganz ohne Diät, sein ganzes Gewicht. Wie ein Apfel würde man nicht mehr vom Baum fallen.

Dass man nicht wahrgenommen wird, ist irritierend genug. Aber die Leute rennen mitten hinein in einen Geist, machen es sich dort bequem, und er hat Glück, wenn sie nichts Ärgeres tun, als zu küssen. Die Gravitation kommt ebenso abhanden wie das Zeitgefühl.

Methusalem oder Met, wie er sich in seiner neuen Identität nennen wird, könnte wochenlang auf der Laterne sitzen oder sonstwo, ohne es zu merken. Und dass einem alles, was man anfasst, durch die Finger läuft, frustriert erheblich.

Betrachten Sie seine Geschichte als Einführung in die Postmortalitäten, eine Art Grundkurs im Totsein. Wer die Verhaltensregeln nicht kennt, fühlt sich zunächst unbehaglich, ja sogar etwas verloren. Um Ihnen das zu ersparen, schreibe ich Bücher wie dieses, und die Leute, sie sind eben dumm, halten mich für verrückt.

Jean Ziegler: »Das Sterben bewirkt eine Veränderung der Identität. Der im Sterben Liegende wird langsam ein anderer Mensch ... Seine Wahrnehmung wandelt sich, seine soziale Haltung verändert sich, sein Verhältnis zur Wirklichkeit wechselt.« (*Die Lebenden und der Tod*, Darmstadt 1977)

EINE UNANGENEHME ÜBERRASCHUNG

Methusalems Frau steht im Vorzimmer vor dem Spiegel und setzt einen schwarzen Hut auf. Was hat sie vor? Sonst trägt sie auch nie schwarze Nylons. Ihre Beine sind gar nicht so übel. Es wäre interessant zu wissen, für wen oder was sie sich fein gemacht hat. Methusalem beschließt, ihr zu folgen. Unauffällig, was in diesem Fall leicht ist. Auf der Türschwelle dreht sie sich um und ruft: »*Ich komme jedenfalls nicht zu spät!*«

Was meint sie damit? Ein Taxi fährt vor, sie steigt ein. Methusalem auch. Sorglos legt sie ihm ihre Handtasche und ein Blumenbukett auf den Schoß. Nächstens setzt sie sich noch auf ihn drauf, die Atomversuche gehören wirklich verboten. Und hoffentlich sind die Blumen für keinen Verehrer bestimmt, sonst garantiert er für nichts.

Ach so, der Verehrer oder wer immer ist tot. Das ändert natürlich die Lage. Während er neben ihr durch den Zentralfriedhof geht, überlegt er, wer von ihren Freunden in letzter Zeit das Zeitliche segnete. Es waren viele, und sie werden von Jahr zu Jahr mehr. Mit der Zeit kennen sie nur mehr Tote. Methusalem seufzt. In der Aufbahrungshalle warten schon einige Leute, und vorn steht ein mit Kränzen bedeckter Sarg. Lusine nimmt in der ersten Reihe Platz, also handelt es sich um den engeren Kreis.

Der Trauerzug setzt sich in Bewegung, und hinterher rennen im Galopp Sohn, Schwiegertochter und Enkel. »Nicht einmal da seid ihr pünktlich«, zischt seine Frau ihnen zu. »Nicht einmal da!«

Dass er der Grabrede aufmerksam zuhört, wäre gelogen. Trotzdem kommt der Mensch, für den sie gehalten wird, ihm irgendwie bekannt vor. Und immer bekannter. Aber das gibt es doch nicht, nein! Das ist vollkommen unmöglich. Ihm wird ganz schwindelig. Verstört hält Methusalem sich am Sarg fest und wäre um ein Haar mit ihm in die Grube gefahren. Entsetzlich, er ist auf seinem eigenen Leichenbegängnis …

Als Mann, der unter keinen Umständen seine guten Manieren verliert, schließt er sich der Schlange der Kondolierenden an und sagt, als er an der Reihe ist, »mein Beileid« zu seiner Frau. Kann sie ihn am Ende doch hören? Denn obwohl sie bitterlich weint, lächelt sie jetzt.

IM KINO

Sobald Methusalem weiß, dass er tot ist, ist sein ganzes Leben wiederum da. Möchte er es zurückhaben? Da ist er nicht sicher. Ist er wirklich der verzagte Lateinprofessor, mit dem die Schüler ihren Schabernack treiben? Erkennt er in der bejahrten Witwe Lusinchen im Brautkleid, und mein Gott, war sie süß! Wo blieb das um sein Sabinettchen trauernde Kind?

Bin ich das alles noch, denkt er, bin ich es nicht mehr, war ich es je? Methusalem ist zwar tot, aber lebendig. Gilt das auch für Katzen? Kann ja sein, sie sind auch Gottes Ebenbilder, obwohl der Vatikan das nicht so sieht. Selbstverständlich fängt Gott keine Mäuse. Andererseits geht er auch nicht zum Friseur, es spricht also nichts gegen die Unsterblichkeit von Katzen. Auch Mäusen und so weiter, da möchte Methusalem niemanden ausschließen. Schon möglich, dass er irgendwann einem verklärten Dinosaurier begegnet, weil es in Wirklichkeit keinen Tod gibt. Alles Gräuelpropaganda. Die Leute fallen darauf herein und tun gute Werke, obwohl sie viel lieber bös wären.

Und das Baby in den Windeln? O bitte, nein! Das sind lauter Fremde, er hat nichts mit ihnen zu tun. Er kommt sich vor wie im Kino, und ist der Film gut? Methusalem lässt ihn vor- und zurücklaufen und hält ihn bei seinem Fünfziger an. Ohne große Begeisterung, aber immerhin ... Blond, Schnurrbart, Brille mit Goldrand. Und statt des blöden Totenhemds grasgrüne Tracht. Posthum schaut man offenbar aus, wie man will. Er hat sich immer eine Adlernase gewünscht. Aber dann erkennt ihn womöglich keiner mehr?

Husalem jedenfalls ist Geschichte. Von jetzt an heißt er, auch mit Knopfnase, Met!

Bernard Shaw auf die Bitte einer Zeitung, die eigene Grabschrift zu verfassen: »Hic jacet Bernard Shaw. Wer zum Teufel war das?« (*Adieu les belles choses*, Düsseldorf/Köln 1971)

DER LEICHENSCHMAUS

Natürlich geht er ins Wirtshaus mit. Die Rechnung wird schließlich von seinem Geld bezahlt, und niedrig wird sie nicht gerade sein. Warum hat Lusine nicht »im engsten Familienkreis« auf die Karte geschrieben? Jetzt fressen und saufen sich Leute voll, die er kaum kennt. Also das passiert ihm kein zweites Mal!

Langsam realisiert er, dass die Situation in der Tat einmalig ist. Kein weiteres Leben, und kein weiterer Tod. Methusalem ist gelaufen, und wieso gibt es ihn immer noch? Darüber muss er erst einmal nachdenken. Und weil beim Denken nichts hilfreicher als Alkohol ist, greift er nach dem nächstbesten Glas.

Es ist wirklich frustrierend, er greift schon wieder in Luft. Und Luft ist er auch, obwohl er die Hauptperson ist, für die ganze Gesellschaft. Am Anfang haben sie wenigstens noch von ihm gesprochen, und der Enkel hat sogar leise »Prost, Opa!« gesagt. Inzwischen werden sie immer lustiger, gerade dass sie nicht auf den Tischen tanzen. Es ist geschmacklos, es ist widerwärtig, es ist eine bodenlose Gemeinheit.

Da niemand sonst ihn in Grasgrün bewundert, wird er es selbst tun. Er sucht und findet einen Spiegel. Aber der Spiegel bleibt leer.

Buckminster Fuller: »... Das Universum ist zu 99,9 Prozent unsichtbar ... Alle chemischen Atome (sind) physisch, wohingegen das Phänomen Leben metaphysisch ist ... Der organische Körper bedeutet nicht das Leben ... Leben (ist) abstrakt, schwerelos, unsterblich.« (*Goldlöckchen und die drei Bären*, Köln 1982)

Das ABC des Sterbens

Der Tod ist, wie das Leben, gewöhnungsbedürftig. Besonders, wenn man so gut wie nichts über ihn weiß. *Sterben muss man*, predige ich seit bald einem halben Jahrhundert, *schon in der Volksschule lernen wie ABC und Einmaleins.* Man lebt dann viel besser, und man ist auch viel besser tot.

Unsere Kultur hält Leben und Tod für einander ausschließende Gegensätze. Das stimmt nicht! Sie sind komplementäre Zustände des Seins.

Der Körper, den wir für unsere einzige Identität halten, ist nur das Medium, in dem wir in der Zeit erscheinen, als historische Personen, begrenzt durch Geburt und Tod. Doch ist die Geburt weder unser Anfang, noch der Tod unser Ende. Wir treten in die Zeit ein – und verlassen sie wieder. Gibt es uns dann noch, und sind wir dieselben geblieben? Zunächst schon, wie Methusalems Comicstrip verrät, und Sie können ihm getrost glauben. Ein Exempel uns allen bevorstehender komischer Abenteuer, die wir hoffentlich mit Humor bestehen werden.

KEIN EMPFANGSKOMITEE

Met sitzt auf seinem Grab. Dem einzigen Platz, denkt er verbittert, wohin er gehört. Woanders nimmt die Welt ihn nicht mehr zur Kenntnis. Hier bekommt er wenigstens ab und zu Blumen. Und Besuch, wenn auch selten. Seine Frau war ein paar Mal da und hat verbissen getrauert. Sie nimmt ihm übel, dass er gestorben und sie jetzt allein ist. Was Met zwar versteht, aber ungerecht findet. Er ist ja nicht absichtlich tot.

Er versucht, sich an sein Ende zu erinnern. Wann ist es passiert, wo ist es passiert, wie ist es passiert? Da er sonst nichts zu tun hat, geht er diesen drei Fragen mit aller Gründlichkeit nach.

Und stellt verwundert fest, dass er Zeit nicht mehr in kurz oder lang einteilt, es ist alles dasselbe. Er könnte seit Stunden oder Jahren auf seinem Grab sitzen, ohne den Unterschied zu bemerken. Neugierig dreht er sich um und liest die Daten auf dem Gedenkstein. Immerhin ist er fast achtzig geworden. Weil er nicht weiß, was für ein Tag heute ist, verrät ihm das nicht sehr viel.

Den Zeit-Sinn hat er also, zugleich mit dem Leben, verloren. Hoffentlich nicht auch den Orts-Sinn! Er wüsste schon gern, ob er in seinem Bett gestorben ist oder wo sonst.

An einen Garten entsinnt er sich irgendwie, kann das sein?
Ein Schrebergarten vielleicht? Obwohl sie selbst, da ist er
ziemlich sicher, nie einen gehabt haben. Lusine war nicht
für die Natur. Es könnte ein öffentlicher Garten gewesen
sein oder einer von Bekannten, denen hat er dann leider
Scherereien gemacht. Hoffentlich war es ein öffentlicher,
denkt er. Flüchtige Bilder ziehen wie Wolken vorbei. Blumen und … Tiere? Es gab da ein eher seltsames Tier, exo-
tisch. Also im Zoo?
Mit achtzig in einem Zoo gestorben zu sein, gefällt ihm.
Vielleicht bei einem Sonntagsspaziergang? Manierlich und
rücksichtsvoll. Wenn man bedenkt, wie unhöflich manche
Leute aus dem Leben gehen. Da war etwas mit diesem exo-
tischen Tier, etwas Schönes … Schade, sein Gedächtnis lässt
ihn schon wieder im Stich. Jedenfalls tat es nicht weh. Eine
nicht unangenehme Erfahrung, die er keineswegs bedauert.
Im Gegensatz zu ihren Folgen. Warum sagt einem keiner,
was man im eigenen Todesfall tut? Da müsste es doch
Anleitungen geben, eine Gebrauchsanweisung. Aber die
lassen einen dumm sterben.
Um sich die Zeit zu vertreiben, singt Met alle Kinderlieder,
die ihm noch einfallen, und sagt alle Gedichte, die er
in der Schule gelernt hat, auf. Natürlich ist es schwierig,
eine Zeit, die es für ihn nicht mehr gibt, zu vertreiben.
Das ewige Leben, daran muss er sich erst gewöhnen, ist
leider fad. Falls es ewig ist. Hoffentlich nicht, denkt Met.
Die Ewigkeit ist ihm jetzt schon zu lang. Und Gesellschaft
hat er, seit seinem Begräbnis, auch keine mehr. Jetzt einmal

abgesehen von den Lebenden – es muss doch genug Tote auf der Welt geben! Seit Jahrtausenden wird gestorben, wo treiben sich die Gespenster alle herum? Die Geschichten vom erfreuten Empfangskomitee, die man erzählt, sind ein Schwindel. Dass die verblichene Verwandtschaft zur Begrüßung Schlange steht – keine Rede davon. Die Ahnen scheinen keinerlei Interesse an ihm zu haben.

Leider auch sonst niemand. Es ist schon traurig, wenn man nicht zur Kenntnis genommen wird, solange man lebt. Und erst posthum ... Stellen Sie sich vor, wie man sich als Geist dabei fühlt! Gut sicherlich nicht.

Den Tod hat er sich erstens überhaupt nicht und zweitens anders vorgestellt. Mit gutem Gewissen kann Met ihn kaum empfehlen.

VERSUCHEN SIE NICHT, EIN TEILCHEN ZU BLEIBEN!

Sterbend, werden wir zur Quantenperson, vertauschen also Materie und Energie. Beide sind ineinander wandelbar. Newton hat es geahnt, Einstein gewusst, und wir werden es alle erfahren. Aber schon jetzt können wir uns als Teilchen oder Welle betrachten, als materiell oder immateriell. Es ist ein physikalisches und wohl auch psychologisches Gesetz: Beobachten wir das eine, erkennen wir das andere *nicht*. Das bedeutet, wir können unsere Doppelnatur nicht synchron wahrnehmen. Wir glauben, wir wären hintereinander Teilchen und Welle, lebendig und tot. Das stürzt uns in die absurdesten Ängste. Es ist, als würde die eine Hälfte von uns selbst sich vor der anderen fürchten. Das Teilchen hat Angst vor der Welle.

Dabei sind wir *gleichzeitig* lebendig und tot. Die Welt ist nicht so, wie wir glauben, und wir sind es auch nicht. Stellen Sie sich einfach vor, dass beim Sterben das Teilchen im Bett bleibt, und die Welle rauscht verwundert davon. Hat der Tod Sie halbiert? Nein, hat er nicht. Teilchen und Welle, Materie und Energie sind wahrscheinlich zwei Erscheinungsformen eines Dritten, das wir noch nicht kennen, und auf das ich sehr neugierig bin.

Bleiben Sie nicht auf Ihrem Grab sitzen!

Je schneller das Teilchen schwingt, umso mehr wird es zum Quant. Steigern Sie, tot oder lebendig, Ihre Frequenz, bis Sie in den Quantenzustand und das magische Universum geraten. Ich bin gerade den Geheimnissen der Tektonik auf der Spur. Raum und Zeit sind *nicht* homogen. Brüche in der Erdkruste, die sogenannten Störzonen, können unsere Frequenzen verändern. Ich selbst habe auf ihnen die herrlichsten und haarsträubendsten Erfahrungen gemacht (Ingrisch, *Eine Reise in das Zwielichtland*). Der Prozess des Sterbens könnte eine fantastische Störzone sein.

Alexander Lernet-Holenia: »Wenn wir gestorben sind, sind wir schon nicht mehr tot.« (*Beide Sizilien*, Berlin 1942)

DIE SÉANCE

Met wandert zuerst auf dem Friedhof und dann in der Stadt herum. Denn er muss sich jetzt konzentrieren. Das funktioniert besser im Gehen, da hatte Sokrates vollkommen recht. Er muss sich endlich über seine Situation klar werden. Schön, er ist tot. Was den Vorteil hat – man muss sich nicht mehr fürchten, zu sterben. Also geht er frohgemut bei Rot über die Straße und weicht keinem Passanten mehr aus.

Was ihm wirklich auf die Nerven geht, ist die Einsamkeit. Er sehnt sich danach, unter seinesgleichen zu sein. Nur, wo findet er sie? Eine spiritistische Tante fällt ihm ein, deren Leidenschaft das Tischrücken war. Verrückt natürlich, arme Person. Aber wo ist Met auf einmal?

Da sind Leute, die er alle nicht kennt. Sie sitzen hinter dunklen Vorhängen zusammen, und wie kommt er überhaupt her? Sie halten sich an den Händen, er ist doch hoffentlich nicht in ein Gruppensex-Kränzchen geraten? Für Orgien hat er noch nie etwas übrig gehabt, und außerdem ist er ein Geist. Oder ein Gespenst. Oder eine Seele, so genau weiß er das nicht.

In der Mitte thront ein gewaltiges Weib mit dunklem Damenbart und sagte mit unnatürlich hoher Stimme: »Ich sehe einen Mann.« Erwartungsvolles Schweigen. »Einen freundlichen älteren Herrn.« Wieso älter, denkt Met gereizt. »Erkennt ihn jemand? Er ist ein wenig verwirrt.« – »Josef!«, schreit ein molliges Matrönchen auf. »Das ist mein seliger Josef.« Ein schönes ernstes Mädchen flüstert: »Papa …«

Soviel er weiß, hat Met nie Josef geheißen. Und Papa? Möglich wäre es natürlich. Nicht gerade wahrscheinlich, aber auch nicht ganz auszuschließen. Es soll Frauen geben, die behalten so ein Geheimnis für sich. Er schwebt näher an das Mädchen heran und vergleicht ihr Gesicht mit zwei oder drei Erinnerungen, stellt aber keine Ähnlichkeit fest.

»Geht es dir gut?«, fragt das Mädchen leise. Darauf nicht zu antworten, wäre eine glatte Unhöflichkeit. »Kann nicht klagen«, sagt Met, »obwohl es das eine oder andere Problem gibt.« Das Mädchen, offenbar doch nicht seine Tochter, beachtet ihn nicht.

Es treten dann noch ein Ehepaar, ein junger Mann und zwei verschiedene Großmütter auf. Während der Konversation mit den lebenden Angehörigen, die sich keineswegs durch Intelligenz auszeichnet, fließen reichlich Tränen. Met nimmt, obwohl er genau aufpasst, keinen der jenseitigen Besucher wahr. Dass Geister nicht geistersichtig sind, wundert ihn.

Wünscht er sich, selbst beschworen zu werden? Da ist er nicht sicher. Er käme lieber freiwillig oder auch nicht. Da die Séance langweilig wie ihre Teilnehmer ist, sorgt er durch ein wenig Schabernack für Unterhaltung. In seiner Studentenzeit haben er und ein paar Kollegen sich zum Zweck der Beeinflussung von Prüfungsfragen mit Hypnose beschäftigt. Da man Hypnotisieren so wenig wie Radfahren verlernt, suggeriert er dem Medium, Monsieur Auguste Comte persönlich zu sein – jener unsägliche Philosoph, der den Positivismus begründet und verkündet hat, dass es keine Geister gibt.

»Es gibt keine Geister«, erklärt das Medium abfällig dem befremdeten Publikum. Seine Stimme hat wieder die normale Tiefe erlangt. »Glauben Sie etwa an Geister?« Drohend blickt es sich um. »Nicht wirklich«, beteuert ein zahlender Spiritist nach dem anderen. Als alle ihr Geld zurückverlangen, beendet Met die Hypnose abrupt und macht sich, um nicht womöglich in eine Schlägerei verwickelt zu werden, aus dem Staub.

Pilatus: »Was ist Wahrheit?« (*Neues Testament*)

DIE SKALA DES BEWUSSTSEINS

Die Pilatus-Frage stelle ich immer wieder, und vor allem mir selbst. Wenn es außerhalb unseres Gehirns gar keine Gegensätze gibt, also auch *richtig* und *falsch* nur Konstrukte desselben sind – was ist Wahrheit, und gibt es sie überhaupt?

Zwar glaube ich nicht, dass Tote bei Séancen auftreten wie im Varieté. Aber kann ich sicher sein? Nein, sicher sein kann ich nie. Also bitte ich Sie, mir zu glauben, und bitte Sie gleichzeitig, zu zweifeln. Wir werden so leicht zu Gefangenen des Glaubens oder Zweifels. Die Balance zwischen beiden ist das Geheimnis.

Der Irrtum nicht nur der Parapsychologie besteht vielleicht darin, Lebende und Tote als getrennte Systeme zu betrachten. Außerordentliche Phänomene schreibt sie entweder dem einen oder dem anderen zu. Animisten den Lebenden, Spiritisten den Toten. Moderne, von öffentlichen Subventionen abhängige Parapsychologen glauben prinzipiell nicht an Geister.

Die großen alten Kulturen, von den Kelten bis zu den Indianern, haben beide Systeme als ein einziges erkannt, in dem Information frei fließt. Materialistischer Aberglaube und Angst blockieren den Fluss und reduzieren uns auf diese

Welt, obwohl es auch noch andere gibt. So viele wie Grade auf der Skala des Bewusstseins. Was wir an Wirklichkeit wahrnehmen, hängt vom Standpunkt ab, den wir auf dieser geheimnisvollen Skala einnehmen. Doch können wir diesen Standpunkt immer wieder verändern. Das scheint sogar unsere Aufgabe zu sein.

Ich reise auf der Skala meines Bewusstseins, und so sind mir die Länder hinter den Spiegeln nicht fremd. Ich kommuniziere mit Geistern. Das tun andere auch, und wir vergleichen unsere Erfahrungen. Man kann sie nicht absichtlich haben. Nur spontan, im Zustand der Leere und Passivität. Damit scheidet die professionelle Profit-Esoterik weitgehend aus. Es mag seltene Ausnahmen geben, wo der Wille diese geheimnisvollen Prozesse zu steuern vermag. Allgemein gilt das Gesetz: Erwartung verhindert das Eintreffen des Erwarteten.

Ein bestimmtes Wellenmuster in unserem Gehirn scheint die Verbindung mit Toten zu ermöglichen. Als emotionelle und mentale Telepathie, vom Gefühl ihrer Anwesenheit bis zur klaren Wahrnehmung. Meine Abenteuer werden durch die geisterhafte neue Physik bestätigt. Ein Lehrstuhl für Jenseitsforschung gehört längst an jede Universität!

Tschuang-tse vor mehr als 2000 Jahren: »Wer ist imstande, das Nichts zum Kopf, das Leben zum Rumpf, das Sterben zum Schwanz zu haben? Wer weiß es, dass Geburt und Tod, Leben und Sterben ein Ganzes bilden? Mit einem solchen wollen wir Freundschaft schließen.«

Schwarze Seelen

Wie es Lusinchen wohl geht? Met möchte wissen, ob und wie sehr sie ihn vermisst. Also begibt er sich – für einen Geist ist das kein Problem – lichtschnell zu ihr.

Schwarz trägt sie nicht mehr. Ihr Haar ist weißer geworden. Wie lang mag er schon tot sein? Jetzt nimmt sie die Sherryflasche vom Buffet und trinkt, Glas braucht sie offenbar keines mehr. Met lächelt verständnisvoll. Alle Witwen saufen.

Als sie zu Bett geht, legt er sich aus purer Gewohnheit zu ihr. Es ist fast wie früher. Hoffentlich stirbt sie bald, denkt er. Dann wäre ich nicht so allein. Von plötzlicher Liebe überwältigt, nimmt er sie in die Arme. Reichlich platonisch, versteht sich. Gewissermaßen ist sie jetzt für ihn Luft. Trotzdem versucht er, ihre Schulter zu küssen, und wird mit einem Trompetensolo belohnt. Lusinchen putzt sich lautstark die Nase. Die Arme, sie hat keine Ahnung von der romantischen Situation, in der sie sich gerade befand.

Da er weder schlafen noch küssen kann, verlässt Met das gemeinsame Bett.

Er geht, wohl zum letzten Mal, durch das ganze Haus. Da alle schlafen, ist offenbar Nacht. Met findet sich trotzdem zurecht, weil er, wie er erstaunt feststellt, selbst ein wenig leuchtet. Sterbend wird man, so scheint es, elektrisch.

Leuchten alle Toten? Oder sind die sogenannten schwarzen Seelen solche, die nicht leuchten? Das erklärt vielleicht, warum man sie nicht sieht. Sind, da man keine sieht, alle schwarz?

Große Sünden hat Met nicht begangen. Auch fühlt er sich nicht anders als vor seinem Tod.

Nur viel jünger, viel leichter, viel lebendiger. Es deprimiert ihn, dass Lusine ihn überhaupt nicht bemerkt hat. Eine Frau mit Feingefühl nähme ihn wahr.

DER GEIST UND DAS GESPENST

Gibt es schwarze und weiße Seelen? Nein. Die Seele wird, wie Paracelsus erkannt hat, erst nach unserem Tod geboren, ist also nicht von dieser Welt. War Jesus eine Seele? Einige seiner Aussprüche deuten es an.

Die Seele ist weder schwarz noch weiß. Weder unschuldig noch schuldig. Im Gegensatz zu ihr ist die Psyche, mit der wir sie fortwährend verwechseln, ein Produkt von Raum und Zeit, Genen, Milieu und vielleicht dem eigenen Willen, dessen Freiheit allerdings von der Neuropsychologie widerlegt wurde. Die Psyche ist ein Produkt dieser Welt, wie diese Welt ein Produkt der Psyche ist. Sie erschufen und erschaffen einander.

Die Seele ist wohl der Geist und die Psyche das Gespenst. Met ist noch immer eines. Man stirbt nicht mit dem letzten Atemzug. Sobald wir ihn getan haben, beginnt unsere Biografie als Gespenst. Sie ist keineswegs schrecklich. Erfreulich auch nicht gerade. Ein Zwischenzustand im Zwischenreich, posthum und pränatal.

STRASSENBEKANNTSCHAFT

Met muss befürchten, dass er selbst die einzige Gesellschaft ist, die er je haben wird. Womöglich einen Tod lang? Da wäre sogar das Fegefeuer eine angenehme Abwechslung.

Wäre ich, denkt er schon wieder, nur nicht gestorben!

Vor ihm auf der Straße geht eine junge Mutter mit Kinderwagen, und da passiert es. Das Baby in Rosa streckt beide Händchen nach ihm aus. Kann es ihn womöglich sehen? Met ist angenehm überrascht. Er krault es unterm Kinn, und das Baby lacht. Er kitzelt sein Bäuchlein, und es kräht vor Vergnügen. Vielleicht noch nicht die ideale Gesprächspartnerin. Aber im Vergleich zu bissigen Hunden? Ein Labsal! Lusine soll sich schämen!

Er wirft einen vorsichtigen Blick auf die Mutter, sie könnte ja die Polizei rufen. Zum Glück hat sie nichts bemerkt. Er folgt ihnen in ein großes Haus und eine kleine Wohnung. Sein Herz tanzt, hat er noch eines? Während das Baby sein Fläschchen bekommt, streichelt er ihm das Köpfchen. Das Baby jauchzt, verschluckt sich und schreit. Met empfiehlt sich betreten.

WAHRNEHMUNGSBARRIEREN

Vielleicht können auch andere Kinder ihn sehen? Er sucht einen Spielplatz auf und mischt sich unter die Kleinen. Sie beachten ihn zunächst nicht. Um sie auf sich aufmerksam zu machen, hüpft er und schneidet lustige Grimassen.

Man wird ihn für einen Pädophilen halten, denkt er bedrückt. Vor allem die Mütter auf den Bänken, hoffentlich machen sie keinen Ärger. Eine Garantie auf Unsichtbarkeit hat er nicht. »Wie heißt du denn?«, fragt er ein süßes Mädchen mit Zopf. »Geht dich einen Dreck an, leck mich doch«, sagt das Zöpfchen, und seine Mutter: »Wie oft hab ich schon gesagt, du sollst nicht mit dir selbst reden!« Zur Banknachbarin: »Ich war schon dreimal beim Psychologen mit ihr.« – »Kenne ich alles«, nickt diese leidgeprüft. »Meine richtet einen Hund ab, dabei haben wir Meerschweinchen. Man muss ihnen das Lügen und Fantasieren austreiben, aber dafür brauche ich keinen Psychologen. Eine Ohrfeige tut es auch.«

Ein paar Buben spielen Fußball, und Met kickt das Leder in den nächsten Baum. Die Größeren ignorieren ihn. Der Jüngste zischt: »Verpiss dich, Alter!« Was Met niedergeschlagen tut. Immerhin nehmen sie ihn, wenn auch etwas unfreundlich, wahr.

Er fühlt sich wie ein Asylant, dem kein Asyl gewährt wird. Er gehört nicht mehr zu dieser Welt, und eine andere hat er noch nicht. Met ist ratlos und traurig.

Serena Roney-Dougal: »Erst in den letzten 200 Jahren ist in den europäischen/nordamerikanischen Kulturen die Realität paranormaler Aspekte des Menschseins und der Welt um uns herum in Frage gestellt oder sogar verleugnet worden ... Dieses Leugnen geschieht ebenfalls auf der subliminalen Ebene und ist als ›Wahrnehmungsbarriere‹ bezeichnet worden.« (*Wissenschaft und Magie*, Frankfurt am Main 1993)

Ein physikalisches Phänomen

Warum Kinder und Tiere? Sind beide den Toten ähnlicher? Es hat mit Physik zu tun. Was sich zu schnell bewegt, verschwindet. Met schwingt, weil er tot ist, zu schnell. Die Zahl seiner Wellenzyklen, also seine Frequenz, hat sich erhöht. Bei entsprechend schneller Schwingung wird, wer oder was auch immer, unsichtbar. Sobald es sich langsamer bewegt, sieht man es wieder. Lebende bewegen sich langsamer als Tote, haben offenbar eine niedrigere Frequenz.

Haben Kinder und Tiere eine höhere? Nun, nicht alle. Aber es kommt vor. Ich weiß von einem kleinen Mädchen, das mit einem alten Mann spielte, den niemand von der besorgten Familie sah. Als die Mutter in einem alten Album blätterte, zeigte das Kind freudig auf die Fotografie des noch vor seiner Geburt verstorbenen Großvaters: »Das ist er!« Häufiger spielen Kinder mit Geisterkindern, die niemand außer ihnen wahrnimmt. Ich weiß von einem Buben, dessen unsichtbarer Freund ein Mechaniker namens Navratil ist.

Mit dem fünften oder sechsten Lebensjahr verlieren Kinder die Fähigkeit, die hohen Frequenzen von Geistern wahrzunehmen. Bis dahin haben Elternhaus und Schule ganze Arbeit geleistet.

Vermutlich ist der Tod weniger ein biologisches als ein physikalisches Phänomen. Ein Wechsel der Frequenz, den wir unnötig dramatisieren. Ich weiß nicht, ob auch Thomas Alva Edison es so sah. Er arbeitete 1928 an einem Gerät, durch das man mit Toten hätte in Kontakt treten können. Mag es ein Umwandler von Frequenzen gewesen sein? Der geniale Edison, dem wir unter anderem die Glühlampe verdanken, war kein Fantast. Seine Erfindung – ein chemischer Apparat, in dem Kaliumpermanganat eine besondere Rolle spielte – blieb unvollendet.

Oder vielleicht doch nicht? Seine letzten Worte auf dem Sterbebett, noch einmal kurz aus einer Ohnmacht erwachend, sind überliefert: »*Es ist sehr schön hier auf der anderen Seite.*«

Kein Plan für die Ewigkeit

Begräbnis, Leichenschmaus, Einsamkeit auf dem Grabstein. Bissige Hunde und garstige Kinder. Für den Rest der Welt ist er gestorben, obwohl er lebt. Mets Leben als Toter verläuft, findet er, ziel- und planlos. Das möchte er ändern. Ich brauche einen Plan, denkt er, und ich brauche ein Ziel. Sonst verzettle ich mich in der Ewigkeit. Es gibt Lebensziele, also muss es auch Todesziele geben.

Er möchte etwas Sinnvolles mit seinem Leben beziehungsweise Tod anfangen. Seine Fähigkeiten nützen, von denen er allerdings nicht weiß, worin sie bestehen. Unglücklicherweise hat er keine Gebrauchsanleitung für sich selbst als Gespenst.

Die haben andere auch nicht, und so ist es vielleicht keine schlechte Idee, einen praktischen Ratgeber für Geister zu verfassen. Um Erfahrungen weiterzugeben, muss man sie zuerst einmal machen. Erfahrungen macht man am besten in der Fremde. Da ist aber keine.

Da es offenbar weder Himmel noch Hölle gibt – wohin soll er gehen?

Herbert Pietschmann: »Mit der Trennung von Diesseits und Jenseits, mit der Verdrängung des *Einen* Bewusstseins als

jenseitiger Gott, verlor auch die Erde ihren Sinn als Mittel-
punkt der Welt (als Ver-mitt-ler zwischen Diesseits und
Jenseits durch die lebenden Menschen und ihre Wesenheiten).« (*Die Welt, die wir uns schaffen*, Wien/Hamburg
1984)

Ein kosmisches Phänomen

Methusalem-Met ist mein Model, das ich für Sie in posthume Situationen versetze. Auf dem Laufsteg der Buchseiten führt er Ihnen vor, was einem als Gespenst alles passieren kann und mehr oder weniger auch passiert. Durch ihn wissen wir: Zeit vergeht nicht mehr, Raum büßt seine Entfernungen ein, Tag und Nacht werden gleich. Die Schwerkraft ist weitgehend aufgehoben. Außer Kindern und Tieren nimmt uns so gut wie niemand zur Kenntnis. Man selbst unterscheidet andere Geister kaum von lebenden Personen. Zuerst nimmt man sie überhaupt nicht und später nur, soweit sie einem selbst ähnlich sind, wahr. Gandhi und Nero begegnen einander wahrscheinlich nie. Man kann keine Dinge bewegen und hat, wie es scheint, nichts zu tun. Es ist sterbenslangweilig, die Weisheit der Sprache verrät es bereits. Doch bleibt es nicht so!

Haben wir eine persönliche Seele, hat sie Eigenschaften, ein Schicksal? Das glaube ich nicht. Die bunte Maske der Person mit ihren Charakteren, Mythen und Geschichten verweht wie der Staub toter Sterne, und wer weiß schon, was einmal daraus wird? Wir selbst sind aus Sternenstaub entstanden, Menschen, Tiere und Planeten. Was bedeutet, dass wir allesamt Außerirdische sind und der Tod ein kosmisches Phänomen. Ist er die Quelle des Lebens?

Wir machen Welt und Welten aus Frequenzen, wie der Komponist Melodien aus Tönen macht, die gleichfalls Schwingungen sind. Frequenzen – der Urstoff und aller Schöpfungen Lehm. Hat die Seele Anteil an der Welt? Wahrscheinlich nicht.

Im Zwischenreich, durch das die Verstorbenen reisen, löst die Psyche sich auf, und die Seele geht in das *Jenseits von allem* ein. Solang die Psyche nicht aufgelöst wird, bleibt der Tote ein Gespenst. Ein Gespenst geht nirgendwo hin.

Detlef-I. Lauf: »Die Lehren vom Bar-do zeigen uns, dass dieses ein doppelter Vorgang ist mit je einer Entsprechung auf der Seite des Lebens und des Todes.« (*Geheimlehren Tibetischer Totenbücher*, Freiburg 1975)

MET SUCHT GESELLSCHAFT

Wieso ist er bisher noch nie seinesgleichen begegnet? Wo verstecken sich die Kollegen? Und Kolleginnen, denkt er sehnsüchtig. Angeblich soll es auf der ganzen Welt Spukorte geben, wo es nur so von ihnen wimmelt. Einer der berühmtesten ist die Hofburg der Habsburger in Wien – und schon steht er davor.

An die Annehmlichkeit, in Gedankenschnelle wohin immer zu reisen, hat er sich gewöhnt.

Er weiß, dass alles zittert und bebt, jedes auf seine Weise, was man Vibrationen nennt. Das ist Physik, und was zu schnell oder zu langsam zittert, wird undeutlich, verschwommen oder ganz unsichtbar. Mit Genugtuung stellt er fest, dass seine im Alter verlorene Intelligenz langsam zurückkehrt.

Schwingt Lebendiges langsamer als Totes? Was schneller schwingt, nimmt das langsamer Schwingende wahr, weshalb Tote die Lebenden sehen, Lebende für gewöhnlich aber keine Toten. Wieso gibt es dann Geisterseher? Sind sie imstande, höher zu schwingen, als es Irdischen zusteht? Früher gab es viel mehr Geisterseher als heute. Senken manche Kulturen die Schwingungsrate? Unsere zum Beispiel, auf die wir so stolz sind. Zu Unrecht vielleicht. Eskimos, Indianer, Afrikaner und so weiter waren uns da überlegen.

Ob am Ende die ganze Evolution, von der Amöbe bis zum Sapiens, eine Entwicklungsgeschichte immer höherer Schwingungen ist? Wobei die Frage, was eigentlich schwingt, offen bleibt. Offenbar das Bewusstsein selbst.

Wow, bemerkt Met erfreut. Ich erinnere mich wieder an das, was ich weiß. Sogar an das, was ich nicht weiß, erinnere ich mich. Endlich bebe ich wieder richtig!

Voller Tatendrang flattert er in die k. u. k. Hofburg hinein.

ENERGIE-REZEPTE

Met ist ein lebendiger Beweis dafür, dass man leichter denkt ohne Gehirn. Vielmehr ein toter Beweis, aber Leben und Tod sind sowieso nur alternative Zustände ein und derselben Person.

Es gibt Physiker, die ungern von Frequenzen und lieber von *Zuständen* sprechen, die von der jeweiligen Energie abhängen. Je höher der Energiepegel, umso höher die Frequenz. Je höher die Frequenz, umso mehr Unsichtbares wird sichtbar, Unhörbares hörbar, Undenkbares denkbar. Quantenphysiker vermuten sogar, dass wir diese oder jene Wirklichkeit erst durch unsere Wahrnehmung erschaffen.

Wie steigere ich also, tot oder lebendig, meine Energie? Durch Liebe, zum Beispiel. Durch Freude. Auch Kunst, diese sonderbare Zone zwischen dem Dies- und dem Jenseits, kann Wunder wirken. Besonders die Musik, wenn auch nicht jede. Da gibt es Ebbe und Flut. Mozart oder Gottfried von Einem lassen Ihre Energie, wie der Mond das Meer, himmelwärts steigen.

Paul Feyerabend: »Denken Sie an die Gnostiker, an die Hermetiker oder Rabbi Akiba, die ihre Seele so lenken konnten, dass sie ihren Körper verlassen und von Sphäre zu

Sphäre aufsteigen konnte ... Das Buch Enoch nimmt acht Sphären an, Rabbi Akibas Geschichte drei, es gibt also verschiedene Versionen, aber jede geht von einer Reihe von Sphären aus.« (*Über Erkenntnis*, Frankfurt am Main 1995)

DER PAPST WILL GAR NICHT TANZEN

Der Erste, der ihm begegnet, ist Franz-Joseph persönlich. Der tote Monarch in Uniform. Met singt die Kaiserhymne. Der Geist geht unbeeindruckt an ihm vorbei. Natürlich, wer Herr über so viele Völker war, gibt sich nicht mit jedem Untertan ab.

Sisi kommt ihm entgegen, die Krone im Haar. Die Kaiserin küsst den Kaiser, was sagt man? Das Herrscherpaar hat wieder zueinander gefunden. Met fühlt sich am Puls der Geschichte.

»Majestäten«, stellt Met sich vor, »Methusalem, Lateinlehrer, verstorben bedauerlicherweise in einer Demokratie.« Sie beachten ihn nicht.

Verständlicherweise, denn nun taucht ein Habsburger nach dem anderen auf. Maria Theresia kaut, was rätselhaft ist, Kaugummi. Maximilian der Erste tanzt eng umschlungen mit Rudolf dem Zweiten. Wahrscheinlich eine Art Totentanz. Peinlich berührt schaut Met weg, obwohl das Geschlecht bei Geistern sicher vernachlässigbar ist.

Ein Papst ganz in Weiß kommt schnurstracks auf ihn zu, offenbar will er ihn zum Tanz auffordern. Nein, das kommt überhaupt nicht in Frage! Erstens steht Met dem Vatikan kritisch gegenüber, zweitens kann er nicht tanzen, und drittens ... Ach so! Der Papst will gar nicht tanzen. Zumindest nicht mit Met, den er mit beispielloser Impertinenz überquert wie eine Straße. »Alles Walzer«, sagt ein Herr im Frack, und alle drehen sich im Dreivierteltakt.

Bis auf Met. Ich bin, stellt er geschockt fest, auf einem Faschingsball.

Sind wir das vielleicht alle? Spielen fremde Rollen, verkleiden uns in Kostüme aus Fleisch und Blut. Ich nicht mehr, denkt er fast bedauernd. Ich spiele überhaupt keine Rolle mehr.

Ein deprimiertes Gespenst

Als er wehmütig über den Josefsplatz geht, kommt ihm eine Frau im Reifrock entgegen. Noch so eine Faschings-Hyäne. Alles, was lebt, erfüllt ihn mit Ärger und Neid. Die Leibliche lächelt, was will sie von ihm? Ihn auch verhöhnen wie das Kaiserhaus und der Papst? Sie soll sich ja nicht für etwas Besseres halten, nur weil sie noch aus Fleisch und Blut ist, aber bestimmt nicht mehr lange.

Jetzt lacht sie ihm frech ins Gesicht. Er wird ihr zeigen, wozu ein beleidigtes Gespenst fähig ist! »Sie ... Sie ...«, stottert er und könnte sie jetzt beschimpfen, soviel er Lust hat, sie hört ihn ja nicht. Unglücklicherweise fällt ihm, er hat darin keine Übung, nicht eine einzige Injurie ein. Also gibt er ihr, da sie sowieso nichts davon spüren wird, eine schallende Ohrfeige.

Das erste Mal, dass er so etwas tut. Mit Brombeeraugen schaut sie ihn verständnislos an.

Hat er ihr am Ende unrecht getan? »Flegel«, sagt sie, klatscht ihm auch eine und schwebt elegant zehn Zentimeter über dem Asphalt davon.

Er hat ein Gespenst geohrfeigt, sein erstes! Ein bildschönes Gespenst noch dazu. Einer möglichen Romanze ein Ende bereitet, bevor sie begann. Met würde sich am liebsten erhängen, ergäbe das auch nur den geringsten Sinn.

Automatisch peilt er das nächste Wirtshaus an, vergisst seinen aktuellen Zustand und trinkt mit unfreiwilliger Hilfe eines frisch geschiedenen Briefträgers Burgunder. Zog der Wein ihn an oder verbindet sie eine ähnliche Trübsal? Met hat endlich entdeckt, dass er direkt in Lebende eintreten und die Freuden der Vergangenheit durch sie genießen kann. Platonisch hat er bereits ein Wiener Schnitzel verzehrt.

Er kann sogar im Bewusstsein des Briefträgers spazieren gehen, was allerdings nicht viel Abwechslung bietet. Beherrscht wird es von einer stämmigen Frau mit Doppelkinn und einer überdurchschnittlichen Begabung für Gardinenpredigten. Warum der Briefträger trauert, ist ein Rätsel.

Met kann sogar dessen Wünsche dirigieren wie ein Orchester. Jedes Mal, wenn er eigentlich zahlen will, bestellt der Briefträger ein weiteres Viertel. Wie mögen beide nur ins Bett gekommen sein, noch dazu in dasselbe? Zum ersten Mal seit seinem Tode schläft Met.

DIE LEBENSLUST DER TOTEN

Solang wir noch ein Ego haben, wenn auch ein totes, haben wir Wünsche. Sie zu unterdrücken, hinterlässt Narben. Sowieso verschwinden sie bald von allein. Gespenster müssen nicht asketisch sein. Heimweh nach einem Schubert-Lied, einer Frühlingswiese oder Erdbeerpunsch? Tote borgen sich manchmal die fünf Sinne der Lebenden aus. Den sechsten haben sie selbst.

Glauben Sie Dante kein Wort! Auch die Läuterung können Sie glatt vergessen. Das Gespenst von Welt ist, statt tugendhaft, ein wenig liederlich. Todernst ist der Tod, wie auch das Leben, nur für Leute ohne Humor.

Das Böse kann man ebenso wenig besiegen, wie das Gute erzwingen. Die Gegensätze der eigenen Natur, die wir als *Gut* und *Böse* bezeichnen, verschwinden von selbst, sobald wir diese Natur transzendieren. Nur weil wir gestorben sind, hören wir nicht auf, zu wachsen. *Wir entwachsen uns selbst.*

Eintritt verboten

Unterwegs versucht Met, noch in andere Leute zu fahren, und ist enttäuscht, dass es ihm nicht gelingt. Ein Familienbesuch, den er kurz erwägt, stimuliert ihn nicht wirklich. Da er kein Blut mehr hat, ist er den fatalen Wirkungen der Blutsverwandtschaft entzogen. Dass Gefühle den Tod überdauern, denkt er, ist eine fromme Lüge, die Menschen sich auf dem Weg durch das Elend streuen wie Blumen.

Met braucht keine Blumen mehr.

Hans Naegeli-Osjord: »Die Alleinbeachtung des Intellekts und der daraus abgeleiteten naturwissenschaftlichen Methoden führt zu einer unverkennbaren Sterilität der Anschauungen, die künftige Generationen nicht mehr hinnehmen werden ... Das Phänomen der Besessenheit gehört zu den Urerlebnissen der Menschheit.« (*Besessenheit und Exorzismus*, Remagen 1983)

SIND WIR IMMER ALLEIN
IN UNS SELBST?

Nein, sind wir nicht. Im Prinzip können Geister in jedes biologische System eintreten. Materie leistet dem Immateriellen keinen Widerstand, wohl aber vermag das die Psyche. Eine stabile Psyche ist imstande, den Leib zu verriegeln.

Met fährt in einen harmlosen Briefträger und ertränkt durch ihn seinen Kummer. Tote schauen durch unsere Augen, hören durch unsere Ohren, schmecken durch unseren Gaumen. Reden sie mit unserer Zunge? Kann sein, obwohl ich die Sprache der Geister eher als mentale Telepathie verstehe. Gibt es auch visuelle, akustische, kulinarische Telepathie? Schon möglich, ebenso wie einen telepathischen Vollrausch. Nicht nur Menschen, auch Tiere können besessen sein, wieso nicht? Mir gefällt die von Naegeli-Osjord zitierte Geschichte einer rumänische Katze, die jedes religiöse Buch prinzipiell bepisste. Dass der Teufel dahinter steckt, glaube ich allerdings weder in diesem noch anderen Fällen, so gut sie auch dokumentiert sind. Was wir Teufel nennen, dürfte eine Position im menschlichen Bewusstsein und nur als solche real sein.

Ich selbst habe meinen besetzten Kater Goldi, wenn auch nicht nach dem Rituale Romanum, erfolgreich exorziert.

Zwar schwenkte auch ich ein Weihrauchfass. Aber beschworen habe ich meine Katzengeister Tüpferl und Schnäuzlein ohne Latein. Ich bat sie, aus dem verstörten Tier heraus und in mich hineinzufahren, herzlich willkommen! Denn fortjagen wollte ich sie nicht. Mein kleiner Besessener, der seit Wochen künstlich ernährt werden musste, sprang vom Schrank und raste zur Futterschüssel. Ich habe seither Katzenträume, fing aber, soweit ich mich erinnere, noch keine Maus. Mit Geistern kann man vernünftig und vor allem liebevoll reden. (Meine diese Ereignisse begleitende Zeugin: die Wiener Tierärztin Dr. Elisabeth Reisinger.)

Unsichtbare Gäste

So oft Met nach seiner ersten Erfahrung auf Tournee gehen will, muss er feststellen, dass es nicht funktioniert. Er kann nicht einfach in fremde Leute eintreten wie in Häuser, die meisten von ihnen sind versperrt oder haben überhaupt keine Tür. Das sind die Menschen mit einem Ego aus Beton. Wilhelm Reich meint etwas Ähnliches mit seinem *Charakterpanzer*, und fast alle, die einen haben, sind noch dazu auf ihn stolz.

Die stabilen, undurchlässigen, erstarrten Egos sind wie Felsen im Meer des Lebens, und wie diese verursachen sie allerlei Unglück. Ob Wellen oder Schiffe, alles Mögliche pflegt sich an ihnen zu brechen. Unabhängig vom Grad ihrer Bildung haben sie ihre Entwicklung noch vor der Reife beendet – Larven, die nie zu Schmetterlingen wurden. An der Existenz von Geistern zu zweifeln, fällt ihnen insofern leicht, als sie selbst kein Geist sind. Trotz intakter biologischer Funktionen sind sie eigentlich tot.

Werden wir lebendiger durch Instabilität? Bis zu einem gewissen Grad sicher. Die Dosis, sagt Paracelsus, macht das Gift. Wir erhalten uns nur durch den beständigen Austausch von Materie, Energie und Information am Leben. Das gilt für die Zelle, die Person und sogar ganze Kulturen, die zum großen Teil Geisterbeschwörungen sind. Eine Art chronischer Lazarus. Was wäre der Schulunterricht anderes als die Auferweckung vergangener Geister in den Köpfen der Schüler? Von der Volksschule bis zur Universität eine einzige Séance! Auch Kunst beschwört die Toten in ihren Werken, und wer fürchtet sich schon in der Oper?

Wir existieren, ob wir es wissen oder nicht, als Koproduktion von Lebenden und Toten.

Es ist also natürlich, dass sie in uns eintreten und wir in sie. Elektromagnetische Felder, die sich überlagern, ergänzen, verstärken. Oder auch abstoßen. Berühmt wurde der amerikanische Psychiater Carl A. Wickland, der in der ersten Hälfte des 20. Jahrhunderts Geisteskranke als von Toten Besessene erkannte und heilte. Als Medium diente seine Krankenschwester und spätere Ehefrau Anna. *Dreißig Jahre unter Toten* ist ein noch immer lesenswertes Buch, ebenso wie die Schriften des kalifornischen Nervenarztes Van Dusen.

Sensitive sehen manchmal einen Menschen halb in einem anderen stecken und aus ihm herausragen, kopfüber oder kopfunter. Ein ohne Zweifel gewöhnungsbedürftiger Anblick und trotzdem nicht ungewöhnlich. Wir sind nicht die kompakten Wesen, für die wir uns halten, und Felder haben keine Zäune. Was wir passiv besetzt oder aktiv besessen nennen, ist ganz alltäglich. Wir bemerken es nur nicht. Wenn Sie aber spüren, dass Fremde – im Allgemeinen völlig unabsichtlich – in Sie eindringen, geraten Sie nicht in Panik. Verhalten Sie sich wie ein guter Gastgeber, heißen Sie den Besuch willkommen und fragen Sie, was er bei Ihnen sucht.

In der Regel hat der Tote vor dem Lebenden nicht weniger Angst als der Lebende vor dem Toten. Jeder hält den anderen für ein Gespenst.

DAS VERLORENE GESICHT

Die Seele wiegt«, hat Met einmal gelesen, »genau 21 Gramm.« Er wüsste gern, ob das stimmt. Da er sonst nichts zu tun hat, geht er in die nächste Apotheke und stellt sich auf die Präzisionswaage. Exakt! Aber wieso hat die Seele ein Gewicht? Darüber würde er sich gern mit jemandem unterhalten. Nur ist dafür leider weit und breit niemand in Sicht.

Der Apotheker im weißen Mantel lehnt in der offenen Tür und raucht. »Seit wann«, fragt er, »sind Sie schon tot?« Interessante Art, ein Gespräch zu beginnen, denkt Met. Und dann erstarrt er. Das zweite Gespenst. Er hat soeben sein zweites Gespenst kennengelernt, und diesmal vergrault er es garantiert nicht.

»Ich weiß es nicht«, entschuldigt er sich höflich. »Aber ich könnte auf meinem Grabstein nachschauen.« Der Apotheker lacht. Gespenster haben einen originellen Sinn für Humor.

»Ich hoffe«, sagt Met, um keine peinliche Pause entstehen zu lassen, »Sie hatten einen angenehmen Tod.« – »Ich lebe noch«, sagt der Apotheker. Met ist irritiert. »Sie können mich sehen?« Der Apotheker nickt. »Wie«, fragt Met schüchtern, »schaue ich aus?« – »Tote schauen so aus, wie sie sich selbst gerade vorstellen. Wenn sie sich für arme Sünder halten, sind sie schwarz.« Fieberhaft geht Met sein Sündenregister durch, ohne etwas Besonderes zu entdecken.

»Immer schon?«, fragt er. »Konnten Sie immer schon Geister sehen?« Der Apotheker drückt seine Zigarette aus. »Immer nicht«, erklärt er freundlich, »und auch jetzt nur manchmal. Oft undeutlich. Auch Sie sind nur verschwommen, und Sie haben kein Gesicht.« – »Was!« Met ist erschrocken. »Sie meinen, ich habe kein …?« – »Das ist ganz normal«, beschwichtigt der Apotheker. »Die Toten haben gelegentlich kein Gesicht. Sie verlieren es wohl mit der Zeit.«

Das Gesicht wäre, hat Met gelernt, Spiegel der Persönlichkeit. Hört er am Ende auf, eine zu sein? Er tritt dicht an den Apotheker heran und schaut ihm eindringlich in die Augen. »Schade«, seufzt der, »jetzt sind Sie ganz weg.«

ERSCHAFFE ICH MICH SELBST?

Met ist verunsichert. Ich wiege 21 Gramm, denkt er. Ich erscheine und verschwinde. Ich sehe so aus, wie ich mir mich selbst vorstelle. Und wenn ich keine Vorstellung von mir habe?

Met erinnert sich an Schrödingers Katze, die mit einem Giftfläschchen in einer Kiste sitzt. Bevor man sie beobachtet, ist sie lebendig *und* tot. Erst wenn man sie anschaut, ist sie entweder – oder. Wer bin ich, fragt Methusalem beunruhigt, wenn niemand mich anschaut? Und bin ich dann überhaupt wer?

Erschaffen wir, tot oder lebendig, durch Beobachtung uns selbst und einander? Existiert die Welt durch mich, wie ich durch die Welt existiere? Nein, denkt Met. Ich will es nicht wissen. Es macht mich nervös. Ein nervöses Gespenst wird womöglich nie selig. Er würde gern einmal mit jemand wirklich Intelligentem darüber sprechen.

Paul Watzlawick: »Dass wir die Wirklichkeit nicht finden, sondern erfinden, ist für viele Menschen schockierend.« (*Die erfundene Wirklichkeit*, München 2000)

Im Zoo

Wieso ist er im Zoo? Met erinnert sich nicht, geflogen zu sein. Er fühlt sich bei den Tieren wohl, und auf einmal bespricht er seine Probleme mit ihnen. Die Einsamkeit, die Unsichtbarkeit, die Langeweile. Und dass es ihn vielleicht an sich nicht gibt?

Sie versichern ihm, dass Schrödinger nur einen Witz gemacht hat, außerdem ist Met keine Katze. Und obwohl er im hohen Alter starb, wäre er für das gesellschaftliche Leben als Gespenst zu jung. Alles ändere sich aber noch, und wie! Met würde hoch erfreut sein.

Er versteht jetzt ihre Sprache. Aber nicht, dass Menschen glauben, Tiere hätten keinen Geist. Wir brauchen keinen, lachen sie, weil wir Geister *sind*. »Bevor *wir* auf die Erde kamen«, sagt Met traurig, »war sie angeblich ein Paradies. Was ist passiert?« – »Du hast uns angeschaut«, heult der Wolf, brummt der Bär, zischt die Schlange. »*Du hast uns angeschaut!*«

Meine alte Lateinprofessorin Mariechen Schuschitz, wenige Tage vor ihrem Tod: »Ich habe eine glückliche Welt gesehen, überall ist Harmonie.«

DER BÖSE BLICK

Wie oben, so unten. Sagt Hermes Trismegistos, und ich habe ihm immer geglaubt. Genau in der Mitte, also zwischen Kosmos und Quant, lebt der Mensch. Indem wir es beobachten, bringen wir ein Elektron dazu, entweder als Welle oder Teilchen zu erscheinen, obwohl es weder das eine noch das andere ist. Indem wir die Welt beobachten, bringen wir sie dazu, entweder als gut oder böse zu erscheinen, obwohl sie weder das eine noch das andere ist.

Einstein sträubten sich dabei die Haare. Doch ich habe selbst erfahren, alles ist wahrscheinlich, und nichts wirklich. Den Naturgesetzen vertraue ich nicht mehr, weil sie bei mir gelten oder auch nicht. Die Materie spinnt und spukt. Da sie das nicht bei allen Leuten tut, muss es an meiner Beobachtung liegen. Selber schuld, dass meine Bettdecken sich heimlich um den Lattenrost wickeln, Kochtöpfe unterm Bett statt auf dem Herd stehen und Metall sich wie Wolle verknäuelt. Gräber vertauschen sich, Bilder fallen unversehrt von der Wand, fremde Dinge tauchen auf und vertraute verschwinden, ich achte schon kaum mehr darauf.

Werner Heisenberg und Wolfgang Pauli sind zwei nobelpreisgekrönte Physiker. Beide nahmen eine Wechselbeziehung zwischen Bewusstsein und Materie an: Heisenberg eine Art Astralebene zwischen Subjekt und Objekt, und Pauli sowohl eine rationale als auch eine irrationale Seite der Realität. Er wurde, wie es auch mir selbst manchmal widerfährt, im Traum belehrt. Auch musste er, wie er seiner Geliebten Marie Louise von Franz in einem Brief gestand, »in einer sonderbaren Art schreiben, halb fantastisch, halb rational.« Exakt die Weise, auf die meine Totengespräche entstehen.

Der amerikanische Quantenphysiker Fred Alan Wolf glaubt, dass Bewusstsein zugleich innerhalb und außerhalb von uns selbst ist und dass Materie – ja das ganze Universum! – träumen kann. Wir isolieren Zustände von Materie und Bewusstsein, in Wahrheit fließen sie vielleicht ineinander. Ungetrennt wie das Leben und der Tod.

Mir kommt die Kopenhagener Deutung der Quantenphysik ganz natürlich vor, ich kann sie sogar selbst bestätigen:

»Der Mensch verändert durch Beobachtung das Beobachtete.«

DER NAME DES PARADIESES

Es geschah in dem kleinen Waldviertler Dorf Rindlberg, von meinem Mann liebevoll Sankt Kringel getauft. Dort haben wir ein Vierteljahrhundert lang mit Tieren und Geistern gelebt. Ein Sonntagnachmittag im Sommer. Im Fernsehen lief ein alter Hollywood-Film, »Die unteren Zehntausend«. Er handelte von Gangstern und einem Liebespaar, selbstverständlich unglücklich, und um es glücklich zu machen, verwandelten die Gangster sich in lauter Engel. Ein wirklich netter, gefühlvoller Film. Ich begann sofort, die Welt zu lieben. Die ganze.

Ich liebte sie noch immer auf der Wiese, über die ich mit der Milchkanne zum Nachbarn ging. Die weißen Schafe Nelly, Rosabella und Gülnare liefen mir nach. Auch Wui Wui, der schwarze Kater mit den goldenen Augen, ließ sein Mauseloch im Stich. Eigentlich konnte er die Schafe ja nie leiden. Er jagte sie und fing, sobald ich sie nur streichelte, herzzerreißend zu klagen an. Diesmal nicht. Was geschah mit mir, was mit den Tieren?

Sie umdrängten mich, als wäre ich süßer Klee und Sahne. Während sie sich an mich und aneinander schmiegten, fiel die Kanne, fiel ich selbst ins Gras. Nelly, Rosabella und Gülnare legten mir die Vorderbeine um den Hals. Wui Wui saß mir auf dem Kopf und putzte leidenschaftlich mein Gesicht. Dazwischen putzte er die Schafe, und sie stupsten ihn mit ihren Mäulern zärtlich an. Ich schlang meine Arme um sie alle, und sie alle schlangen ihre Beine, Pfoten und was immer umeinander und um mich. Vögel sangen. Träumte ich?

Wir haben uns angeschaut und einander erkannt. Wie im Märchen sprachen wir dieselbe Sprache, und wir brauchten dafür keine Worte. Ich weiß nicht mehr, wie lange wir verzaubert waren. Oder waren wir entzaubert, waren wir erlöst? Endlich eins geworden mit der eigenen Natur. Es gab uns noch, und gab uns nicht mehr. *Eine Seele* lächelte sich selber in den Spiegeln Schaf und Mensch und Katze zu.

Seit jenem Sonntag vor bald vierzig Jahren weiß ich, dass uns niemand aus dem Paradies vertrieben hat. Es ist kein Ort und darum überall. Das Paradies ist ein Zustand und sein Name Liebe. Nach der Kopenhagener Deutung fließen Grausamkeit und Güte aus den Augen des Beobachters in eine Welt, die es so vielleicht in diesen Augen und sonst nirgends gibt.

»Wandle dich selbst, und du betrittst eine verwandelte Welt.« (*Altindischer Spruch*)

Die geheimnisvolle Tür

Bin ich schuld«, fragt Met alle Tiere, »dass die Welt ist, wie sie ist? O nein, ich hab sie nicht gemacht.« – »Bist du sicher?«, krächzt der Rabe, und er trägt auf einmal einen roten Frack. Das erinnert Met an etwas, doch woran, weiß er nicht mehr.

Lag er damals nicht im Elend wie in einem fest verschnürten Sack? Ich hätte, denkt er plötzlich, früher sterben sollen. Ich hab geglaubt, es wäre meine Pflicht, zu leben, und so lang wie möglich. »Das glauben viele«, seufzt der Rabe. »Auch, so lang wie möglich tot zu sein.«

»Was sonst?«, fragt Met. »Du könntest noch einmal«, sagt der Rabe, »*sterben*«. Met denkt darüber nach. »Tu das nicht!«, rät der Rabe. »Wenn du nachdenkst, weißt du gar nichts mehr. Ahnung ist die Tür, durch die der Geist und die Geister kommen.« – »Ich habe«, wundert Met sich, »keine Ahnung, was du meinst.«

Ich schon. Aber was ich ahne, weiß ich von den Toten. Sie werden selbst durch mich zu Ihnen sprechen. Wirklich die Toten oder doch nur ich?

TRANCE

Sie scheint die Voraussetzung für eine Begegnung mit anderen Realitäten zu sein und um Geister außer- oder innerhalb ihrer selbst zu erfahren. Wer nicht in Trance fallen kann, lernt nur diese Welt kennen, die er dann für die einzige hält.

Das Wort kommt von transire, hinübergehen. Die Fähigkeit des Hinübergehens in andere Zustände gehört zur biologischen Grundausstattung des Menschen und, so vermute ich, auch der Pflanzen und Tiere.

Verschiedene Kulturen haben verschiedene Techniken entwickelt, in Trance zu fallen, doch passiert es auch unverhofft wie, zum Beispiel, meinem Mann Gottfried von Einem und mir. Wir haben uns sogar, so gut wir konnten, dagegen gewehrt. Zum Glück nicht gut genug, denn ich möchte keines unserer fantastischen Abenteuer missen.

Als ich ein Kind war, suchte mich Nacht für Nacht ein fremdes Wesen heim. Es hatte kein Gesicht. Kaum versank ich im Dämmerzustand, beugte es sich über mich. Ich vertraute mich niemandem an. Um wach zu bleiben, stahl ich Bohnen aus der elterlichen Kaffeedose und kaute sie bis zum Morgengrauen. Sicher der Grund, warum ich bis heute nur mit Pulvern schlafen kann.

Dreißig Jahre später sagte mein geistersichtiger Mann erstaunt: »Die haben alle keine Gesichter!«
Man sollte vielleicht schon in der Schule lernen, dass Geister und Dämonen nichts Besonderes sind. Sie gehören zur Fauna und Flora.

Knud Rasmussen: »Jeder echte Geisterbeschwörer muss ein Leuchten wie Feuer in seinem Körper verspüren, ein leuchtendes Feuer, das ihm die Fähigkeit gibt, in die verborgenen Dinge zu schauen ... in das Land des Todes zu reisen ... Freude, Freude, Freude!« (*Die große Schlittenreise*, Balve/Sauerland 1980)

DER ERSTE UND DER ZWEITE TOD

Das Sterben beginnt mit dem ersten Tod, dem Abschied vom Körper, doch ist es damit nicht zu Ende. Wie Met ahnt, ist er noch immer ein Sterbender. Es sind die Sterbenden, die einsam durch die Binnenwelt zwischen Dies- und Jenseits irren wie durch Traumlabyrinthe.

Körperzellen bilden unsere biologische, Informationszellen unsere historische Person – den Leib und die Psyche. Beim ersten Tod gehen die Körperzellen, beim zweiten Tod die Informationszellen in andere Kreisläufe ein. Zwischen dem ersten und zweiten Tod passieren wir eine zwielichtige Zone, die unter verschiedenen Namen bekannt ist: Himmel, Hölle, Fegefeuer, die germanische Hel, der griechische Hades, die jüdische Scheol, das islamische Paradies, die ägyptische Unterwelt, das tibetische Bar-do, die keltische Anderswelt et cetera.

Viele Verstorbene bleiben noch, wie Methusalem, in ihrer gewohnten Wirklichkeit.

Das Totenreich hat obere und untere Provinzen, in denen der Diesseitige sich in den Jenseitigen verwandelt. Hier stirbt er zum zweiten Mal, indem er die historische Person, seinen Gefühls- und Informationsleib, auflöst. Der zweite Tod ist der Abschied von der Psyche – der Seele in Person.

Tote Personen bleiben in den zauberischen oder unheimlichen Zwischenreichen gefangen. Keine Person, kein Ich geht ins Jenseits ein.

Im ersten Tod geben wir die Illusion eines persönlichen Körpers auf und im zweiten Tod die Illusion einer persönlichen Seele. Der persönliche Körper ist die materielle, die persönliche Seele die immaterielle Barriere zwischen uns und dem, was wir Gott, Geist oder Sein nennen.

Solange wir den zweiten Tod nicht sterben, bleiben wir einsame Gespenster in den Zwischenreichen, für die jede Kultur, jede Religion andere Namen und Bilder hat. Im zweiten Tod gibt es keine Bilder und Namen mehr. Der zweite Tod ist das Verschwinden des Schattens im Licht.

HAT METHUSALEM MIR
SEINE GESCHICHTE ERZÄHLT?

Nein, hat er nicht. Aber seine Abenteuer entsprechen den Erfahrungen der Toten, soweit sie mich an ihnen teilhaben lassen, und auch meinen eigenen. Albert Einstein nennt die Wahrnehmung voneinander getrennter Personen eine optische Täuschung des Bewusstseins. Das heißt, wir sind ein gemeinsames Ich, in dem Information, so wir es zulassen, frei fließt. Auch zwischen Dies- und Jenseitigen. Meine Türen und Fenster sind manchmal offen, ohne dass ich es weiß. Ich bin eine jenseitige Spaziergängerin.

Tote reden mit mir. Sie stehen dem Channeling-Phänomen skeptisch gegenüber? Offen gesagt, das tue ich auch. Es geht so weit, dass ich sogar mir selbst skeptisch gegenüberstehe. Aber trotzdem ... Und es gibt Beweise. Außerdem empfing Albert Einstein seine Relativitätstheorien auch nicht gerade auf dem logischen Weg. Ich zitiere:
»Höchste Aufgabe der Physiker ist also das Aufsuchen jener allgemeinsten elementaren Gesetze, aus denen durch reine Deduktion das Weltbild zu gewinnen ist. Zu diesen elementaren Gesetzen führt kein logischer Weg, sondern nur die auf Einfühlung in die Erfahrung sich stützende Intuition.« (*Mein Weltbild*, Ullstein 1977)

Einfühlung, Intuition, Trance. Ein veränderter Zustand des Bewusstseins, in dem auch andere Mathematiker und Physiker – etwa Hermann Minkowski die Raumzeit – bedeutende Erkenntnisse gewannen. Rainer Maria Rilke gesteht, dass die *Duineser Elegien* das Geschenk einer Toten sind. Fühlen, staunen, erkennen kann nur die rechte Hemisphäre unseres Gehirns.

Wir haben zwei Hemisphären, und jede verbindet uns mit einer anderen Welt. Die linke mit Sprache, Logik, dem linearen analytischen Denken, der Ratio. Die rechte mit Musik, Kunst, Intuition, Inspiration, Ahnung, dem Irrationalen. Links ist Newton, rechts das Wunderland der Quantenphysik. Die linke Hemisphäre rechnet und die rechte singt.

PISA, eine wahre Geißel aller Schulen, benotet die linkshemisphärischen Leistungen der Schüler. Eine große Dummheit! Kultur entsteht immer und nur in der rechten, unbenoteten und vom normalen Bürger mit Argwohn betrachteten rechten Hemisphäre des Gehirns.

Nach 200 Jahren Diktatur der linken, die uns eine Verwüstung der Erde wie unserer Psyche beschert hat, besinnen wir uns wieder auf unsere rechte Hemisphäre, in der wir zuweilen den Toten begegnen.

Euripides: »Wer weiß, ob nicht *das* Leben ist, was Sterben heißt, und Leben Tod?« (Fragment aus *Fryxos*, Berlin 1800)

Sind Sie überhaupt wer?

Die Geschichten der Toten unterscheiden sich wie die der Lebenden voneinander, *das* Jenseits gibt es nicht. Zwar glaube ich nicht, dass Lebende Tote beschwören können. Doch werden Lebende manchmal von Toten beschworen, und zu denen gehöre offenbar ich.

Ich spüre zuweilen Präsenzen, kann sie identifizieren und notiere die Information. Im allgemeinen passiert es, wenn ich abends vor dem Einschlafen noch lese. Häufig einen Kriminalroman, der nur die linke Hirnhemisphäre beschäftigt, die rechte irrationale bleibt passiv. Spontan gerate ich in eine leichtere oder tiefere Trance. Danach weiß ich nichts mehr davon. Am Morgen schaue ich nach, ob etwas im Buchdeckel steht.

Statt das Phänomen der Parakontakte zu untersuchen, was eigentlich ihre Aufgabe wäre, beschäftigt die Parapsychologie sich mit der Wiederholung alter, längst bestätigter Experimente. Man sollte ihr die staatlichen Subventionen entziehen, das ist sinnlos vergeudetes Steuergeld. Ihr Pionier Hans Bender bekannte sich zwar zur Geisterwelt, aber nur im engsten Freundeskreis. In einem positivistischen Universitätsklima bangte er um seinen Lehrstuhl.

Ich betreibe keinerlei spiritistische Praktiken. Mit meinem Mann Gottfried von Einem war ich schon zu seinen Lebzeiten telepathisch verbunden, mental und emotional. So erschien es mir ganz natürlich, dass ich es auch nach seinem Tod blieb. »Sie sind«, hat ein fremder Herr einmal zu mir gesagt, »die einzige Witwe, der man einen schönen Gruß an den Herrn Gemahl auftragen kann.«
Aber auch andere tauchen überraschend in meinem – ich weiß nicht, Quantenfeld, Psifeld, Bewusstseinsradius? – auf. An einem Beispiel möchte ich erklären, wie das geschieht. Wenigstens, soweit ich selbst es verstehe.
Ulrich Mühe kannte ich nur aus der von mir sehr geschätzten Krimiserie »Der letzte Zeuge«, und ich bedauerte seinen Tod. Kurz danach kam es zu zwei Trance-Gesprächen. Wie alle anderen auch verliefen sie in einem Tempo, dem ich jedes Mal nur knapp folgen kann. Daher der Telegramm-Stil. Meine Fragen stehen immer in Klammern:
»Es kam sehr plötzlich, obwohl nicht überraschend. Und wesentlich angenehmer, als erwartet. Ich hätte mir viele Monate der Angst erspart. (Und jetzt?) Schwer zu sagen. Eine Art mondheller Landschaft, in der ich mich bewege. (Allein?) Allein. (Traurig?) Weder traurig, noch fröhlich. Ich erkunde das Terrain. (Sie wissen, dass Sie tot sind?) Da bin ich nicht sicher. (Dass Sie gestorben sind?) Nein, aber tot. Hier scheint nichts tot zu sein oder gewesen zu sein. Es ist eine andere Art des Kosmos.«
Dazu möchte ich zitieren, was Gottfried von Einem mir posthum gesagt hat: »*Auf jeder Frequenz sehen wir das*

Gleiche anders.« Was vielleicht bedeutet: Das Jenseits ist kein Anderswo, sondern ein *Anderswie.*

Einige Nächte später noch einmal Ulrich Mühe: »Ich fasse es nicht. Diese Berge, diese total fremde Landschaft, wie komme ich dahin? Sie hat nichts mit meiner mir bekannten Psyche zu tun. (Wie fühlen Sie sich?) Benommen, verschwommen. Nein – nicht irritiert. Es verspricht, spannend zu werden. (Allein?) Was heißt allein? Alles ist da, nur ohne Beziehung zu mir. Das wird sich hoffentlich ändern. (Wissen Sie, wer ich bin?) Keine Ahnung. Sind Sie überhaupt wer? (Wie empfinden Sie mich?) Als eine Art Sog. (Unangenehm?) Weder noch. (Persönlich?) Nein.«

Am Ende dieses Dialogs habe ich laut gelacht, und alle drei Katzen in meinem Bett guckten mich erstaunt an. *Sind Sie überhaupt wer?* Mühe nahm mich nicht als Person wahr, sondern als eine Art Magnet, der Informationen aus ihm zog. Ich erinnere mich, dass Gottfried von Einem mich schon vor Jahren posthum wissen ließ, wir hätten *auch* eine magnetische Identität.

Es könnte sogar sein, dass ich biologischen oder transbiologischen Systemen ohne deren Mitwirkung auf einer tieferen, vielleicht der Quantenebene, Informationen entziehe und blitzschnell dialogisiere. Reden also die Toten, rede ich selbst oder gelangen wir in Nachtgesprächen temporär zur natürlichen Einheit? Ich weiß es nicht. Wir können die Wahrheit nicht erkennen, und je mehr wir es versuchen, umso weiter entfernen wir uns vielleicht von ihr. Für mich steht sie niemals fest, gleicht immer mehr einem *Prozess.*

Ich bin eine Antenne

Ich empfange und sende. Ich empfange Informationen von fremden Territorien. Von Bewusstseinsfeldern, die wir Geister nennen. Was ich empfange, sende ich. In unserer materialistisch-positivistischen Gesellschaft bin ich die Stimme des Narren.

Wir haben uns die Geister selbst ausgetrieben, warum eigentlich? Eine Welt ohne Geister ist wie eine Wiese ohne Blumen. Die Aufklärung hat sie aus unseren Herzen gerodet. Jetzt wächst dort nur mehr die Wirtschaft. Wir brauchen eine Aufklärung von der Aufklärung, und die betrachte ich als mein Geschäft.

Es war ein toter Politiker, Stadtrat Jörg Mauthe, der mir in den Achtzigerjahren den Auftrag dazu erteilte. Wir hatten, als er schon ein Sterbender war, eine Vereinbarung getroffen. Die Dokumentation liegt bei meinem Nachlass in der Österreichischen Nationalbibliothek. Er beschrieb sein Leben als Toter, ich tippte es synchron in meine rote Schreibmaschine und vergaß es sofort. Es war anders als meine Erwartungen. Trance war ohne Zweifel im Spiel.

Jörg Mauthe, 1924–1996: »Ich habe begonnen, eine Reise ins Ungewisse zu machen. Eine Reise, deren Ziel die Auflösung des Reisenden ist. Was vermutlich bedeutet, dass ich niemals und nirgendwo ankommen werde. Wenn du mich erfährst, Lotte, und diese Erfahrung mitteilen könntest ... Ich bin kein abgeschlossenes Wesen, ich fließe noch immer. Schau die Natur an! Sie ist eine Landkarte des Totenreichs, wie das Totenreich die lebendige Natur widerspiegelt. Du kannst auch annehmen, dass in beiden Spiegeln eine dritte Wirklichkeit erscheint.«

Erich Jantsch, 1929–1983, Systemtheoretiker, Mitbegründer des Club of Rome: »Das Jenseits ist keine Welt der Gefühle. Es ist eine Welt der Gedanken. Ihr seid mit Organen gerüstet, die alle noch schlafen. Ihr müsst versuchen, sie intuitiv aufzuwecken. Sobald du in Kontakt zu anderen Realitäten gerätst, erwachen sie.«

Teilhard de Chardin, 1881–1955, Philosoph, Paläontologe, Jesuit: »Nach der ersten Euphorie kommt der Absturz, das Elend. Nicht einmal die Heiligen sind davor gefeit. Wir erlangen die Euphorie wieder, zum zweiten Mal jedoch nicht als Geschenk. Sogar das Jenseitigwerden ist Arbeit ... Jenseitige sind nur, sofern sie es wünschen, voneinander getrennt. Wir haben tatsächlich die Qualität von Wolken, können uns also vereinigen und trennen. Wir können uns sogar von uns selbst abspalten. Ein Zustand, an den man sich nur langsam gewöhnt.«

Herbert Zand, 1923–1970, Dichter: »Identität aufzuge-
ben, ist von allen Prüfungen die schwerste. Es ist schwer,
die Erinnerungen loszulassen, sogar die traurigen. Solang
du fühlst, darfst du nicht wissen.«

Paul Feyerabend, 1924–1994, Philosoph: »Tote und
Lebende beschwören einander. Es gibt unendlich viele
Stadien des Bewusstseins, und keines ist realer als das an-
dere. Erwach endlich in deinen anderen Augen!«

Othmar Preining, 1927–2007, Experimental- und Ärosol-
physiker, auf den ersten sieben Stationen seiner Reise: »Es
ist anders, es ist ekelhaft. Warum kommt niemand?
Ich bin mutterseelenallein ... Nichts bewegt sich. Die
Welt reagiert nicht auf mich, nimmt mich nicht zur
Kenntnis, schließt mich aus. Es geht mir scheußlich.
Absolut scheußlich ... Schlimm ist es nicht mehr. Nur
eintönig. Bin in befremdlichen Gegenden, die Leute
kenne ich nicht. Hier ist nichts wirklich ... Es ändert
sich. Die Landschaft hellt auf. Ich spüre imaginäre An-
wesenheiten. Ich kann Raum und Zeit nicht erleben wie
vorher. Ich vermisse die Gravitation ... Es ist anders.
Es eröffnen sich Wege. Keine Umgebung, merkwürdig,
die Umgebung bin ich selbst. Ich fühle mich erstaunlich
wohl. Es fängt an, mich zu interessieren ... Es hat sich
verändert, es verändert sich viel. Ich fühle mich freier und
freier. Die Reise führt in mich und durch mich selbst
in etwas total anderes. Ich fühle mich wie vor einem Blind

Date mit mir selbst ... Sag allen, dass Sterben eine wunderbare Erfahrung ist.«

Der Verlust des Reisenden auf der Reise soll Sie nicht erschrecken. Jede Person wird durch ihre Grenzen definiert. Auf der Jenseitsreise fallen die Grenzen, zerfließen allmählich. Der Tote hört auf, *etwas* zu sein – er wird *alles und nichts*. Auch, wenn unsere aristotelische Logik es nicht begreift: Wir denken und empfinden dann nicht in Gegensätzen, weil es keine Gegensätze mehr gibt. Was die Reisenden zunächst sehr vermissen.

Dies war nur eine kleine Auswahl aus der Fülle post-
mortaler Biografien. Ich verschmelze temporär mit
dem Bewusstsein Toter, und dabei passiert etwas Komi-
sches. Mich überfällt ein wahrer Heißhunger, und gleichzeitig nehme ich rapide ab. Es muss sich um ein auch ener-
getisches Phänomen handeln. Zuletzt zitiere ich aus dem
ersten Todesjahr meines Lieblingsgeistes, der sich seither
allerdings sehr verändert hat. Dazu nur zwei kleine Geschichten.

Auf dem Friedhof möchte ich wissen, wo er in Wirklichkeit
ist. »Ich bin eine Präsenz in deinem Bewusstsein.« – Nachts
unter einer Laterne verrät er mir plötzlich: »Ich bin kein
Mensch mehr.« Dazu konnte ich ihm nur gratulieren. Doch
dann wurde ich traurig: »Aber ein Bärenfräulein (so hatte
ich ihn genannt) kannst manchmal noch sein?« Die Antwort kam wie aus der Pistole geschossen: »Ich hab mich
im Repertoire.«

Gottfried von Einem, 1918–1996, Komponist: »Ich bin
noch keine Seele, kein Geist. Irgendwie bin ich dazwischen
… Ich schwanke zwischen energetischen Zuständen … Wir
kommunizieren über den Traum … Das Jenseits ist nicht

moralisch ... Ich verfüge wieder über einen Körper, wenngleich nicht mehr über denselben. Er gehört keiner zeitlichen Dimension an. Ich empfinde ihn wie Luft. Sehr angenehme Luft ... Ich höre direkte Musik, ich höre den Kosmos.

Bleib offen und aufmerksam. Keine spirituellen Übungen! Damit schaffst du nur Zwänge und Enttäuschungen ... Das Jenseits gibt es, wie das Diesseits, im Plural ... Wir werden einander in den Abenteuern des Kosmos immer wieder begegnen ...

Gott ist ein Zustand, den Wesen und Welten erreichen können oder auch nicht ... Jede Stufe, du kannst sie auch Stadien eines Prozesses nennen, öffnet uns andere Augen ... Jeder Tod ist die Verwirklichung des Wesens, das ihn erleidet ... Das Diesseits ist der unwirkliche, der Traumaspekt des Seins ...

Man wird nicht so plötzlich jenseitig, wie du glaubst. Der Zeitpunkt des Todes hat damit wenig zu tun. Es fängt früher an und hört später auf ... Ich gehöre noch immer der Rasse der Diesseitigen an. Als ich noch lebte, waren die Toten mir näher und vertrauter als jetzt ... Alles trennt und vereinigt sich wieder und immer anders, die Biografie einer Wolke ... Keine Verstörung mehr, keine Verwirrung ... Glaub nicht, dass mein Tod dich beraubt. Er beschenkt dich, und er beschenkt mich ...

Ich hab mich vervielfältigt. Ich komme aus allen Richtungen auf mich zu, und ich gehe nach allen Richtungen von mir weg. In Variationen, ich erscheine in allen mei-

nen Möglichkeiten ... Du musst dich mehr in deinen
jenseitigen Zustand versetzen. Versuchen wir, unsere Frequenzen einander anzugleichen, das ist eine große Arbeit ...
Je näher du mir kommen willst, umso mehr musst du frei
von Verstörung und Traurigkeit sein ... Es gibt kein jen-
seitiges, es gibt nur *das* Leben, verschiedene Grade der
Lebendigkeit ... Ich bin ein anderer geworden. Dieser andere schlüpft, wie der Schmetterling aus der Raupe, aus
mir selbst ...

Meine Geschichten passen nicht mehr in die Wörter
hinein, also kann ich sie dir nicht erzählen ... Manchmal
verliere ich meine Grenzen, wie man Hüte und Regenschirme verliert ... Vergiss die Vokabeln der Dies- und
Jenseitigkeit. Nimm ein einziges Feld an, in dem wir immer
wieder auftauchen und immer wieder verschwinden. Wir
verschwinden fortwährend, und fortwährend tauchen
wir wieder auf ... Der Tod scheint so etwas wie eine
Beschleunigung der Wahrnehmung zu sein. Als würde
man schneller hören, schneller sehen und so weiter – und,
weil schneller, etwas total anderes ...

Die Ewigkeit gibt es nur im *Wandel* ... Ich höre nicht
nur, ich *sehe* Musik. Sehen und Hören sind ineinander-
geflossen. Ich höre die Landschaft. Meine Sinne vereinigen
sich wieder ... Ich bin nicht mehr deutlich. Ich flirre ...
Alles ist gegenwärtig jenseits der Zeiten, in denen es als
Zukunft oder Vergangenheit erscheint ... Alle Universen
sind strömendes Bewusstsein, das sich zu immer neuen
Mustern vereinigt und trennt ... Du hast die Qualität des

Wassers, du fließt. Und kannst dich, wie Wasser, mit jeder Information – sie leitend – verbinden ... Du musst mich vergessen, um dich an mich zu erinnern ...

Ich arbeite mich auf. Der zweite Tod ist die Prüfung, zu der nur wenige antreten, und noch weniger bestehen sie ... Ich bin mit dir verbunden wie mit einem sechsten, siebenten oder achten Sinn. Ich nehme durch dich wahr, aber anders als du ...

Stell dir das Jenseits als raum- und zeitlosen Zustand vor, in dem auch du anfangs wie blind und taub herumirren wirst. Es ist eine Strapaze, sich daran zu gewöhnen ... Der jenseitige Zustand scheint, wenigstens zuerst, aufs Alleinsein programmiert zu sein ...

Liebe ist keine Emotion. Liebe ist der Zustand der Ewigkeit ... Da ich Personen nicht als Personen erfahre, bin ich allein. Da ich sie aber als Qualitäten wahrnehme, bin ich es nicht ... Nicht nur meine Sinne verschmelzen. Auch die vergangenen und zukünftigen Ereignisse. Ich bin jetzt ein Gleichzeitiger ... Die alten Vokabeln stimmen nicht mehr, und die neuen finde ich noch nicht in deinem Kopf ... Sterben ist ein Prozess des Lebens, wie Leben ein Prozess des Sterbens ist ... Die Seele ist der Tod, der den Leib befällt. Seele und Tod sind eins ...

Ich dehne mich aus, und ich ziehe mich auch zusammen. Je weiter ich mich ausdehne, umso mehr Zustände erfasse ich. Ziehe ich mich zusammen, entgleiten sie mir wieder. So einfach ist das. Der eine und einzige Gott ist die höchste Vereinigung aller Zustände, aber nicht ihre Addition ... Das Jenseits ist ein elektrischer Zustand, der astrale ein elektrischer Leib. Sterbend, werden wir elektrische Wesen ...

Die Erde scheint ein Ort der Verfluchung *und* der Erlösung zu sein ... Ich erfahre mich jetzt in meinen kleinsten, in sämtlichen meiner kleinsten Teilchen. Das ist eine völlig andere Art von Eigengefühl. Einfach herrlich ...

Keine Schicksalsschläge, keine Schicksalsküsse. Überhaupt kein Schicksal eigentlich. Die einzigen Ereignisse sind meine eigenen Zustände, die sich fortwährend verändern. Das kann wundervoll sein oder auch nicht.

Ich habe keinen Boden mehr unter den Füßen und noch keinen Himmel über meinem Kopf. Nur ich ereigne mich, nur ich selbst! Das ist, glaub mir, kein Vergnügen ... Das Jenseits ist keine himmlische Ordnung, sondern dein eigenes Chaos. Du musst dich selbst aufräumen, und angenehm ist es nicht ... Ich bin sich beständig verändernder Raum ... Ich intermittiere ... Zwei Varianten der Elektrizität wollen sich vereinigen ...

Seligkeit ist keine letzte Station, sondern eine der ersten. Ich habe sie längst überschritten. Seligkeit ist ein völlig uninteressanter Zustand, Schokolade für die Seele, süß und ungesund ...

Ich bin nicht konkret ... Meine Zustände wechseln. Nicht nur in der Nummerierung der Zeit. Du kannst mir also sowohl in der Vergangenheit als auch in der Zukunft begegnen. Sogar jenseits beider, da ich mich inzwischen jenseits beider bewege ...

Etwas hört auf, etwas fängt an. Was aufhört und anfängt, ist eins ... Sprache ist die Erfindung der Trennungen und ihre Wissenschaft. Könntest du das Schweigen lesen, die Stille hören! ... Verlerne es, Lotte Ingrisch zu sein!
Das Jenseits ist ein Jenseits des *Ich*, nicht ein Jenseits des Lebens ... Licht ist nicht die letzte Wirklichkeit ... Es gibt ein *Jenseits von Leben und Tod.*«

Emanuel Swedenborg erkannte im 18. Jahrhundert die Geisterwelt als Teil der Natur, und in seinem Sinn plädiere ich für die Erforschung jener physikalischen Gesetze, die beide, das Dies- wie das Jenseits, gemeinsam erfassen. Dass sie aufeinander einwirken, sich gegenseitig durchdringen und verändern, kann nicht länger geleugnet werden. Man wird entdecken, dass beide Welten eine einzige sind, und diese Entdeckung wird ein Erdbeben auslösen. Danach bleibt nichts mehr auf seinem alten Platz.